La Llave Maestra De Dios

L. Emerson Ferrell

Voice of The Light Ministries

Voice of The Light Ministries

La Llave Maestra De Dios

Todas las referencias bíblicas han sido extraídas de la traducción Reina Valera, revisión 1960 y en algunos casos traducidas de la Biblia amplificada. También usamos la Biblia Textual.

Categoría Reino

Publicado por Voice Of The Light Ministries

P.O. Box 3418

Ponte Vedra, Florida, 32004

Estados Unidos de América

www.vozdelaluz.com

ISBN 978-1-933163-38-3

Dedicatoria

Quiero dedicar este libro primeramente y por encima de todo al precioso Espíritu Santo. Él ha sido más fiel para mí de lo que yo merezco. Mi corazón está tan lleno de gratitud y tan necesitado de dar gracias que las palabras no alcanzan a expresar todo lo que siento.

No puedo dejar de darle gracias a mi amada esposa, Ana, cuyo trabajo abnegado ha hecho de este libro una realidad. Gracias, mi amor. Yo le pido a Dios que te recompense abundantemente por toda tu motivación y por toda tu perseverancia.

Gracias en forma muy especial a mi hijo, Jordán, cuya fe en su papá no pasó desapercibida.

Índice

Prólogo

Yo creo que este libro escrito por Emerson Ferrell, un intercesor y maestro, nos ayuda a entender cuáles son las llaves necesarias para poder tener una vida cristiana victoriosa.

Las primeras tres llaves: el dar, el ayuno y la oración, son esenciales para el cuerpo de Cristo. Desafortunadamente, aunque son muy importantes, muy pocos cristianos los practican. Yo creo en verdad que cuando tú acabes de leer este libro, vas a entender claramente el significado de estas llaves, las cuales te van a ayudar a lograr el éxito en tu caminar espiritual.

Estoy seguro que Emerson Ferrell fue inspirado por el Señor para enseñarnos, no sólo las primeras tres llaves del reino, sino también cómo pelear y luchar en contra del espíritu de Mamón.

Yo sé que cuando tú termines de leer este libro, tú habrás podido llegar al siguiente nivel en tus áreas espirituales de dar, de ayunar y de orar. Tú también vas a aprender cómo poder vencer al espíritu de Mamón.

La persona que lea este libro, va a ser transformada por él. Yo soy un testigo del hecho de que el autor de este libro practica lo que enseña, en forma diaria y con mucha diligencia. Por esto este libro es tan informativo, y sobre todo, tan lleno con la revelación de Dios en cada uno de sus capítulos.

Este es un gran libro ¡y ya quiero la primera copia impresa para mí!

Guillermo Maldonado
Pastor y Apóstol
Ministerio Internacional el Rey Jesús

Introducción

Aquellos de nosotros que creemos que la iglesia está lista para moverse hacia una nueva era de reforma vamos a encontrar que este libro nos ofrece bases muy sólidas para este tipo de trayectoria. Para aquellos que creen que la iglesia está creciendo bastante bien, de acuerdo a las estadísticas, y que debería continuar su dirección actual y su mensaje actual, tal vez no encuentren este libro muy interesante.

En Mateo 6:24 y en Lucas 16:13, Jesús dice, "No podéis servir a Dios y a las riquezas (Mamón)." Nos vamos a esforzar para entender lo que este concepto significa, así como la forma en que se relaciona a esta iglesia y a nuestra vida diaria. Vamos a exponer nuestro espíritu ante la verdad de la Palabra de Dios, y vamos a poder identificar a quién servimos verdaderamente. La verdad es lo que nos hace libres de acuerdo a las Escrituras, y los designios del Espíritu Santo se van a convertir en nuestra guía.

Yo creo que el Señor nos está hablando a todos nosotros quienes tenemos "oídos para oír" con un mensaje de reforma y de transformación. Uno de los mensajes que la iglesia está recibiendo es el de "salir de Babilonia". He escuchado a muchos ministros y a muchos cristianos laicos hablando acerca de esta palabra.

Babilonia tiene muchos significados. Algunos dicen que es la estructura religiosa de la iglesia. Otros dicen que es la corrupción dentro de las iglesias, etc. Ambas opiniones son verídicas y muy importantes. Sin embargo, este libro va a hablar acerca del espíritu que se encuentra detrás de todas las definiciones de Babilonia.

Ese espíritu se llama Mamón, y es tan maléfico que nuestras propias vidas están ofreciendo sacrificios a este espíritu sin que ni siquiera nosotros lo sepamos. Yo creo que esto es lo que está siendo referido en Apocalipsis 18:2-3.

> Y clamó con potente voz, diciendo: ¡Cayó, cayó la gran Babilonia! Se ha convertido en habitación de demonios, en guarida de todo espíritu inmundo y en guarida de toda ave inmunda y aborrecible. Porque todas las naciones han bebido del vino de la pasión de su inmoralidad, y los reyes de la tierra han cometido actos inmorales con ella, y los mercaderes de la tierra se han enriquecido con la riqueza de su sensualidad.

Como dije anteriormente, nos vamos a esforzar para descubrir las llaves que se encuentran en Mateo capítulo 6, y que nos van a ayudar a destruir este espíritu en nuestra vida. Yo creo que todos nosotros, sin excepción alguna, hemos bebido de este vino mortal, y nos hemos hecho adictos a este espíritu insidioso. El objetivo de este espíritu es matar, robar y destruir el destino que tenemos en Dios.

A través de la misericordia y gracia del precioso Espíritu Santo de Dios, he tenido el privilegio de ver el asombroso diseño que Dios tiene para obtener la victoria sobre este enemigo. A través de ayuno muy extenso, el Espíritu Santo abrió mis ojos para que pudiera ver algunas verdades que pueden transformar radicalmente nuestra vida.

No estoy hablando de un vendaje temporal de primeros auxilios. Estoy hablando acerca de entrar en áreas de entendimiento que tal vez no has tenido el privilegio de ver. No estoy jactándome cuando te digo que fue a través de momentos de profundo éxtasis con el Señor que me fue mostrado "el principio del fin para este asunto".

Lo que estás a punto de leer trae consigo una advertencia. Esta advertencia dice, "A ti te está siendo dado ahora el prototipo para que te conviertas en una persona armada y peligrosa en contra de este demonio. Lo que hagas con esta revelación va a determinar la forma en que vas a terminar tu destino. Así de serio es esto."

Este libro va a detallar la importancia de dar, de orar y de ayunar. Vas a recibir revelación de cómo obtener victoria en estas áreas específicas de tu vida.

Las llaves que recibas, de hecho, pueden ser usadas para abrir los lugares más profundos de tu alma.

> He aquí, tú deseas la verdad en lo más íntimo, y en lo secreto me harás conocer sabiduría.
>
> —Salmo 51:6

Estas áreas que se encuentran dentro de nuestro corazón, dentro de nuestra mente y dentro de nuestra alma son las que nos han convertido en esclavos de Mamón en lugar de que seamos buenos administradores para el reino de Dios. Las áreas que Dios le mostró a Job son las que transformaron la esencia misma de su alma.

> Una palabra me fue traída furtivamente, y mi oído percibió un susurro de ella. Entre pensamientos inquietantes de visiones nocturnas, cuando el sueño profundo cae sobre los hombres, me sobrevino un espanto, un temblor que hizo estremecer todos mis huesos. Entonces un espíritu pasó cerca de mi rostro, y el pelo de mi piel se erizó. Se detuvo, pero no pude reconocer su aspecto; una figura estaba delante de mis ojos, hubo silencio, después oí una voz: "¿Es el mortal justo delante de Dios? ¿Es el hombre puro delante de su Hacedor? El no confía ni aún en sus siervos; y a sus ángeles atribuye errores. ¡Cuánto más a los que habitan en casas de barro, cuyos cimientos están en el polvo, que son aplastados como la polilla! Entre la

mañana y la tarde son hechos pedazos; sin que nadie se dé cuenta, perecen para siempre. ¿No les es arrancada la cuerda de su tienda? Mueren, mas sin sabiduría."

—Job 4:12-21

¿Acaso alguien ha predicado el mensaje titulado "El Temor de Dios es el Principio de la Sabiduría" en las iglesias últimamente? Me parece que escucho muchos mensajes acerca de cuánto y cómo Dios me ama, acerca de que Dios quiere que yo prospere y que tenga una buena vida mientras que estoy aquí en la tierra. Pero yo no he escuchado mucho acerca del "Temor de Dios" que es el principio de todas las cosas en mi vida cristiana.

Vamos a hablar acerca de la sabiduría de Dios y la forma en que es revelada a aquellos que tienen este tipo de temor reverente de Dios. Estos saben que el hecho de servir a cualquier otro dios que no sea el Dios de Abraham, de Isaac y de Jacob, no es una opción.

La iglesia no se encuentra donde Jesús la dejó hace 2000 años. Ha sido modelada y reformada en muchas formas culturales y sociales, pero ninguna de éstas han sido formadas a Su imagen. Su imagen es algo que se perdió en el Jardín del Edén, pero que fue reformada en el Jardín o Huerto de Getsemaní. Vamos a descubrir la forma para regresar a esa imagen a través de nuestro análisis en este libro.

Si para cuando hayas acabado de leer estas líneas, puedes arrepentirte honestamente de servir a Mamón, y puedes regresar a tu primer amor con todo tu corazón, entonces, mi misión se habrá cumplido. Esto sólo será el comienzo de una vida llena de batallas contra este espíritu. Pero habrás sido equipado por el Espíritu Santo.

La Palabra de Dios y el diseño de Dios han sido colocados dentro de ti para que tú seas un vencedor.

1

La Primera Llave, El Dar

Vamos a comenzar este viaje por medio de poder entender nuestro propósito. No hay nada más miserable que dirigirse en una dirección sin saber primero hacia dónde vamos, o sin saber si el camino en el cual nos encontramos actualmente nos va a llevar en la dirección deseada.

Una cosa era bien cierta de nuestro Señor Jesucristo: Él sí sabía hacia dónde se dirigía y cuál era la mejor manera de llegar ahí. Él sabía algo que muy pocos de nosotros entendemos, y eso que sabía es el poder que lo impulsaba para dar Su vida como la máxima reconciliación para darnos acceso al Padre.

El propósito de nuestro viaje es descubrir el misterio de ese poder y abrir esas verdades a través de "las llaves" que están escondidas dentro de las Escrituras. Vamos a comenzar por medio de descubrir Mateo capítulo seis.

La mayoría de la gente está consciente que los capítulos y los versículos en la Biblia han sido colocados por los traductores. Algunas veces esto puede crear una separación en la continuidad y en las estructuras de los pensamientos. Sin embargo, aun el Espíritu Santo es bien conocido por arreglar cosas en la mente y en el corazón de la gente, incluyendo a los traductores, de tal manera que éstos hagan las cosas de acuerdo a lo que el Señor estima necesario.

Así como la forma en que los textos se encuentran ubicados, y la posición donde se encuentran "las llaves", es muy importante. Espero que tú podrás ver la sabiduría que se encuentra del orden de este capítulo y detrás de la selección de palabras que escogió Jesús.

Por lo tanto, el propósito es poder entender este capítulo en una forma sencilla pero muy profunda. Esto va a permitir que el Espíritu Santo imparta un nuevo tipo de entendimiento en el Cuerpo de Cristo. La razón para esto es poder llevar a cabo una nueva reforma poderosa que pueda ser impartida.

He podido encontrar por lo menos tres llaves principales que abren puertas. Estas puertas han estado cerradas para todos nosotros en diversas ocasiones a través de nuestra vida cristiana. Son las puertas sencillas de dar, orar y ayunar.

La profundidad es impartida en forma individual a cada uno de nosotros que vaya abriendo estas puertas. Una vez que éstas han sido abiertas, el Espíritu Santo nos dará una nueva visión para revelarnos verdades mucho más profundas. Estas verdades comienzan a darnos una visión de la fuerza que impulsaba a nuestro Señor Jesús mientras Él estaba en este planeta.

Comencemos con la primera llave, el dar.

Al abrir el primer versículo del capítulo seis de Mateo, encontramos que Jesús les está diciendo a sus discípulos y a todos los que estaban escuchando, incluyendo a los fariseos, lo siguiente:

> Cuidad de no practicar vuestra justicia delante de los hombres para ser vistos por ellos; de otra manera no tendréis recompensa de vuestro Padre que está en los cielos. Por eso, cuando des limosna, no toques trompeta delante de ti, como hacen los hipócritas en las sinagogas y en las calles, para ser alabados por los hombres. En verdad os digo que ya han recibido su recompensa. Pero tú, cuando des limosna, que no sepa tu mano izquierda lo que hace tu derecha, para que tu limosna sea en secreto; y tu Padre, que ve en lo secreto, te recompensará.
>
> —Mateo 6:1-4

Debido a que Jesús comienza a hablar acerca del dar en la forma de limosnas, nos conlleva a definir algunos términos. Debemos comenzar por entender lo que significa limosnas. El Diccionario Bíblico Ilustrado de Nelson lo define de esta manera: "Dinero dado por misericordia a los pobres." Este mismo diccionario continúa diciendo, "En el tiempo de Jesús, la palabra 'justicia' se relacionaba muy de cerca con la palabra 'limosnas.'"

Por lo tanto, podemos parafrasear el primer versículo por medio de decir que cuando damos, para que nuestra dádiva sea contada como una obra justa, nuestro motivo para dar debería ser agradar a Dios y no al hombre. Jesús implica que el hecho de dar es algo que se espera de la persona, pero el motivo que se encuentra detrás de la dádiva es lo que realmente importa.

Yo creo que Jesús está enseñando esto para poder revelar una verdad mucho más profunda. Jesús está diciendo que la primera etapa cuando comenzamos nuestro desarrollo como discípulos, se define por la manera en que damos y por los motivos que nos hacen dar.

Jesús dijo más adelante en Mateo 26:11 que los pobres siempre estarán a nuestro alcance. Por lo tanto, el hecho de darle a los pobres no es el asunto principal, sino lo que Jesús está buscando es el corazón. Los pobres son los medios visibles mediante los cuales nuestro corazón está siendo probado; el dinero sólo se convierte en una medida de nuestra obediencia.

Jesús nos va a preguntar a cada uno de nosotros si sabemos el precio que ha sido pagado por nuestra salvación. Él pregunta esto de muchas maneras. Pero la forma más elemental es a través de nuestros diezmos y ofrendas. El asunto de dar es tan fundamental para cada uno de nosotros que sabemos el precio que Jesús pagó. Si no hemos llegado a las profundidades de entender la cruz y el precio que estaba asociado a nuestro Salvador, entonces el hecho de dar siempre va a ser un problema para nosotros.

El hecho de dar es mucho más que sólo poner tu dinero en un sobre o en una canasta de ofrendas. El verdadero dar viene de una actitud que entiende la profundidad de lo que nuestro Señor y Salvador ha hecho. El verdadero dar está determinado no sólo mediante la cantidad que traemos ante el Señor, sino por la cantidad con la que nos quedamos en nuestros bolsillos.

Nuestra demostración de gratitud debería convertirse en una ofrenda continua delante de Dios en cada área de nuestra vida. Por ejemplo, los padres no le dan a sus hijos debido a que haya reglas establecidas por medio de libros y de expertos. Los padres dan debido a que son la misma carne y sangre de sus hijos, y por lo tanto, las necesidades de sus hijos son más importantes que las suyas propias. Este tipo de relación es lo que hace a una familia, y crea seguridad y armonía entre todos sus miembros.

Podemos encontrar este mismo tipo de relación o de pacto a través de todas las Escrituras. Por lo tanto, cuando Dios hizo el pacto con el hombre, Él sabía que el hombre nunca iba a poder cumplir con su parte, y entonces, ¿qué es lo que hace Dios al respecto?

> Pues cuando Dios hizo la promesa a Abraham, no pudiendo jurar por uno mayor, juró por sí mismo, diciendo: Ciertamente te bendeciré y ciertamente te multiplicaré. Y así, habiendo esperado con paciencia, obtuvo la promesa. Porque los hombres juran por uno mayor que ellos mismos, y para ellos un juramento dado como confirmación es el fin de toda discusión. De la misma manera Dios, deseando mostrar más plenamente a los herederos de la promesa la inmutabilidad de su propósito, interpuso un juramento, a fin de quepordoscosasinmutables,enlascualesesimposible que Dios mienta, seamos grandemente animados los que hemos huido para refugiarnos, echando mano de la esperanza puesta delante de nosotros.
>
> —Hebreos 6:13-18

Este es el tipo de amor que produce tal pasión en el corazón de uno que nos motiva a darlo todo. Esta forma de dar viene de entender que nada que yo poseo realmente me pertenece.

Absolutamente todos nosotros, debemos saber que cada respiración que tomamos, cada latido de nuestro corazón, se produce solamente por la profunda misericordia de Dios. Cuando esta realidad se ha apoderado de nosotros por completo, la lucha acerca de por qué debo de dar y acerca de cuánto debo de dar deja de ser una lucha. Estamos en sumisión al Espíritu Santo. Cuando la verdad acerca de que Dios ha jurado en Sí Mismo ver por nuestro éxito, y esto se convierte en una realidad, la búsqueda de nuestros intereses egoístas viene a ser en algo anormal. El hecho de vivir sólo y completamente para Él, llega a ser nuestra norma de vida.

Piensa junto conmigo por un momento. El Creador de todo el universo ha hecho un pacto contigo a través de Cristo Jesús. Parte de ese pacto, y solo una pequeña parte, es la promesa de cuidar de ti, tal y como tú cuidarías de tus propios hijos. Déjenme preguntarles a ustedes que son padres, "¿Acaso no les darías todas las cosas buenas y todos los regalos perfectos que estén dentro de tu alcance a tus hijos?" La respuesta es obvia, "Por supuesto".

¿Acaso nuestro Padre celestial no es capaz de proveer mucho más de lo que nosotros podemos proveer? Definitivamente. Sin embargo, en la generalidad de las vidas cristianas, el hecho de "dar" parece ser un área muy grande en donde no hay confianza en Dios. Por esto Jesús habla de este tema primero en este capítulo. De alguna manera "torcida", creemos que podemos hacer mejores decisiones con nuestras finanzas de lo que Dios puede. Si cobramos consciencia de esta hipocresía que existe en nuestra vida, y nos proponemos arrepentirnos de esta estructura de creencias, entonces, el Espíritu Santo es capaz de revelar verdades mucho más profundas acerca de nuestros sistemas de creencia y de confianza. Tal vez esta es la razón de por qué ha habido tantas enseñanzas acerca de la fe, especialmente en el área de nuestras finanzas. Yo aplaudo totalmente a aquellos que han ido al frente de este mensaje, y que han hecho su mejor esfuerzo para entrenarnos en las Escrituras con relación a la fe. Esto nos ha preparado para poder movernos más allá del mero hecho de sembrar y cosechar.

En mi vida, he podido ver un avance en mi fe, lo cual yo medía en dólares, para llegar a medirlo por medio de la obediencia. La cantidad se convierte secundaria al hecho de estar dispuesto a ser alguien en quien el Padre celestial puede confiar.

No hay mayor ejemplo de esto en el Antiguo Testamento que el ejemplo de Abraham e Isaac:

> Aconteció que después de estas cosas, Dios probó a Abraham, y le dijo: ¡Abraham! Y él respondió: Heme aquí. Y Dios dijo: Toma ahora a tu hijo, tu único, a quien amas, a Isaac, y ve a la tierra de Moriah, y ofrécelo allí en holocausto sobre uno de los montes que yo te diré.
>
> —Génesis 22:1-2

Esta ofrenda no tenía nada que ver con el dinero, pero tenía todo que ver con el valor. En nuestra vida, muchas veces nunca llegamos a dar la "cosa más preciosa" que poseemos, tal y como lo hizo Abraham. Por ejemplo,

¿cuándo fue la última vez que tu ofrenda pudo resultar en la pérdida de tu vida? O ¿qué es aquello que tú has dado que representara tu confianza total en Dios en cuanto a tu propia existencia? Este tipo de obediencia requiere un entendimiento muy profundo de nuestra relación con nuestro Padre celestial y que hace que la vida, tal y como la conocemos en este planeta cambie radicalmente. El día de mañana no tiene ningún otro significado sino, "¿Cómo puedo agradar a Aquel que me dio este día y que me dio el hálito de vida que estoy respirando?"

Esta llave de "dar" es la primera y la más importante porque, sin ella, ninguna otra llave puede estar disponible para nosotros. Por esto es que si sólo pensamos en ella en términos de dinero, entonces, hemos malentendido completamente a nuestro Señor Jesucristo. Nuestro Padre celestial demostró las razones para dar y la cantidad que se debe dar en Juan 3:16:

> Porque de tal manera amó Dios al mundo, que dio a su Hijo unigénito, para que todo aquel que cree en El, no se pierda, mas tenga vida eterna.

El verdadero valor de dar ha sido establecido por Aquel, Quien a través de nuestra conversión, requiere nuestra vida a cambio de la Suya. Si no podemos entender el precio que fue pagado por nuestro Padre celestial, nuestra habilidad para dar disminuye dramáticamente. Por esto es que es tan importante recordar constantemente la cruz, debido a que esto es crítico para arrepentirnos de cualquier cosa que tenga que ver con el egoísmo. Por esto, yo creo que el hecho de dar es la primera y la más poderosa llave que debemos entender.

El versículo con que abrimos habla acerca de dar en secreto, lo cual hace que Dios recompense al dador públicamente. La ofrenda que Dios dio, ilustrado por esta Escritura, fue hecha en secreto. En 1a. Corintios 2:7, Pablo dice que lo que Dios hizo fue un misterio para los poderes que controlaban este planeta. Por supuesto que Pablo estaba hablando acerca de la crucifixión de Jesús, la cual fue hecha en secreto e inadvertidamente destronó "a todos los poderes y principados de este mundo." Y tal y como Jesús reveló en Mateo 6:4, Dios actualmente se encuentra recompensándose a Sí Mismo públicamente a través de una futura esposa para Su Hijo.

¿Puedes ver la tremenda sabiduría y belleza que se encuentra en este designio? El amor de Dios para la raza humana era tan profundo, y el dolor de la separación era tan intenso, que Dios dio el mejor regalo que Él tenía, y lo dio con el más puro motivo, en secreto. Ahora lo que ha sido hecho en secreto está dando fruto para que todo el mundo lo pueda ver. La verdadera esposa está siendo mostrada para que toda la tierra la pueda ver. Este fruto que se llama "el Cuerpo de Cristo" va a comenzar a traer a todos los enemigos de Dios bajo Sus pies.

> Dice el SEÑOR a mi Señor: Siéntate a mi diestra, hasta que ponga a tus enemigos por estrado de tus pies.
>
> —Salmo 110:1

Amados, estamos viviendo en el período más importante de toda la historia. Jesús está preparando un "cuerpo" perfecto que va a moverse sobre la tierra como si fuera un cuchillo caliente pasando a través de la mantequilla. La revelación que está siendo impartida ahora mismo, va a equipar a todos aquellos que están dispuestos a destruir las obras del enemigo. Este ejército se va a mover en un nivel de fe que todos hemos leído en las Escrituras. La fe de los gigantes que se encuentran registrados en Hebreos se va a convertir en una realidad por medio de una generación que entiende que las llaves del reino están siendo impartidas en este momento en la historia.

Vamos a ver la fuerza sobrenatural de fe, y vamos a ver cómo es impartida, tal y como se explica en Hebreos:

> Sin fe es imposible agradar a Dios; porque es necesario que el que se acerca a Dios crea que El existe, y que es remunerador de los que le buscan.
>
> —Hebreos 11:6

Vamos a seguir viendo la forma cómo Dios recompensa, pero no todos hoy en día vienen con el más puro de los motivos. De acuerdo a la definición del original griego, la palabra traducida en español como "buscan" es desear con todas tus fuerzas.

Nuestro Padre celestial quiere que todo ser humano conozca que Dios es más que capaz y dispuesto para cuidar de todas y cada una de nuestras necesidades. La manera en que Él nos muestra esto es por medio de nuestra habilidad para poder confiar en Él (fe) en los lugares secretos (que no hemos visto).

Regresemos ahora a los motivos de nuestro corazón. Si en verdad hemos podido experimentar la profundidad, la anchura, la altura y la longitud del amor de Cristo Jesús, nuestros motivos se moverán de la esfera de lo visible a la esfera de lo invisible. El ámbito invisible requiere un tipo de moneda llamado fe para poder tener acceso al Padre celestial. Una traducción de Hebreos 11 dice. "La fe es la certeza de las cosas que esperamos, y sabemos que son reales aunque nos las podamos ver."

Cualquier tipo de crecimiento que tengamos en el ámbito invisible va a ser siempre por medio de la fe. Debemos dar lo que sí podemos ver como un depósito para el ámbito que no podemos ver. El Padre celestial, viendo la manera en que nos entrenamos, nos da una recompensa para reforzar nuestra fe. Entonces, Él nos va a entrenar para que podamos confiar completamente en Él con todo aquello que es valioso para nosotros, tal y como lo hizo con Abraham.

Por esta razón es que Jesús comenzó el capítulo con la llave más elemental que se llama "dar". Si no somos capaces de entender este nivel, o si no estamos dispuestos a darle a Él todo aquello que Él nos ha confiado, va a ser imposible que podamos recibir la siguiente "llave".

Debes recordar que estas "llaves" son críticas para poder avanzar más allá de nuestra inefectiva vida cristiana, y entrar en los lugares celestiales que Dios ya ha provisto para nosotros a través de Cristo Jesús. Estos "lugares" requieren "llaves" que puedan abrir puertas que han estado cerradas como resultado de la desobediencia de nuestros ancestros, comenzando desde Adán. Jesús vino para que podamos tener vida abundante, la cual va mucho más allá de "tener casas grandes y automóviles lujosos". Debes ver lo que Jesús dijo en Juan 10:10:

> El ladrón sólo viene para robar y matar y destruir; yo he venido para que tengan vida, y para que la tengan en abundancia.

Este es un tipo de vida que consiste en estar observando al Padre celestial, tal y como Jesús lo hizo, en hacer las mismas cosas que Él hizo y en obedecer de la misma manera como Él obedeció. Jesús sabía que iban a haber muchas circunstancias e influencias diferentes que en forma continua iban a estar luchando por Su atención, pero Jesús conocía Su propósito, y esto lo mantenía bien enfocado. Él también sabía que Su Padre celestial era la única autoridad en Su vida, y que si Él observaba a Su Padre, no iba a haber ninguna sorpresa por parte del ladrón.

Jesús es nuestro modelo a seguir, y todo lo que Él dijo y todo lo que Él hizo fueron ejemplos o demostraciones de la manera en que tenemos que vivir para nuestro Padre celestial. Esto sería imposible sin el Espíritu Santo, pero

Jesús ya sabía esto, y Él hizo los arreglos necesarios para que el precioso Espíritu Santo nos lleve a dimensiones aun mayores que las que Él mismo experimentó.

Como padre, yo quiero que mi hijo vaya mucho más lejos y mucho más alto de lo que yo he alcanzado, y esta es la razón por la cual Jesús dijo, "Mayores obras harán." ¡Qué maravilloso Salvador tenemos!

Hay muchos niveles diferentes con relación a dar, pero vamos a ver sólo tres de ellos.

Dando para Obtener algo a Cambio

A la mayoría de los cristianos se les ha enseñado que Dios es un Dador y que Él siempre te dará mucho más de lo que tú le des a Él. El mensaje de "prosperidad" ha levantado enormes iglesias y ha llenado gigantescos auditorios con cristianos que están buscando un mejor nivel de vida y que están emocionados con la idea de tener toneladas de dinero. Todas las Escrituras que son citadas por las multitudes llamadas "de la prosperidad", son legítimas, y de hecho, hablan del deseo que tiene el Padre celestial de cuidar a Sus hijos en una manera majestuosa.

> El hombre bueno deja herencia a los hijos de sus hijos, pero la riqueza del pecador está reservada para el justo.
>
> —Proverbios 13:22

Desgraciadamente, esta Escritura ha hecho que muchos creyentes se apasionen por su "herencia" proveniente de los impíos. La realidad es que ha habido muy poca transferencia de estos fondos, y los que así piensan, tienen muy poco impacto en el mundo de los impíos.

No es mi intención criticar a aquellos que han predicado este tipo de mensajes a través de los años. Y tampoco estoy tratando de menospreciar a todos aquellos que han "confesado" sus promesas. Lo que estoy tratando de decir es que existe una realidad mucho más grande y que realmente funciona para aquellos de nosotros que queremos ser prósperos mayordomos del reino de Dios. Pero la entrada a este nivel superior debe ser a través de la puerta de la negación de uno mismo y a través de la cruz. Entonces, vamos a comenzar a calificar para poder manejar esta transferencia de riquezas de las manos de los impíos a los "justos".

Esto es que lo que está siendo descrito en las Escrituras cuando se refiere a aquel que es justo y que vive por fe.

> Porque en el evangelio la justicia de Dios se revela por fe y para fe; como está escrito: Mas el justo por la fe vivirá.
>
> —Romanos 1:17

El mensaje de fe es real. El hecho de que Dios quiere bendecir a Sus hijos es cierto. Pero el problema siempre ha sido el "corazón". Dios nos ama a todos nosotros, pero Él sólo puede confiar en aquellos que confían en Él.

Vamos a ver una Escritura muy interesante que se encuentra en Lucas 16:11-13.

> Por tanto, si no habéis sido fieles en el uso de las riquezas injustas, ¿quién os confiará las riquezas verdaderas? Y si no habéis sido fieles en el uso de lo ajeno, ¿quién os dará lo que es vuestro? Ningún siervo puede servir a dos señores, porque o aborrecerá a uno y amará al otro, o se apegará a uno y despreciará al otro. No podéis servir a Dios y a las riquezas (a Mamón).

Debes notar que Jesús pone muy claro en este texto el hecho de que si no se nos pueden confiar las riquezas injustas, ¿cómo vamos a ser a capaces de recibir las verdaderas riquezas? El mensaje de prosperidad se ha quedado corto en el hecho de enseñar que el dinero de este mundo es sólo una prueba para nosotros o la manera para medir el corazón del verdadero creyente.

La gente que corre apresuradamente hacia las riquezas de este mundo desafortunadamente tiene muy poco entendimiento de qué tan abominable es esto para nuestro Señor Jesús.

Algunos maestros de las Escrituras y sus seguidores creen que si tú no tienes cantidades enormes de dinero, tú no has alcanzado el nivel de Dios que la gente rica tiene. Esto no puede estar más lejos de la verdad. Dios se interesa en el corazón. Siempre ha sido así, y siempre será así. El corazón es el verdadero indicador de nuestros motivos. El resto de esta Escritura nos dice que tú no puedes servir a dos señores. Debes notar que Satanás no es mencionado como uno de estos dos señores. Por lo tanto, este otro señor o amo debe ser un espíritu que se compara con Dios y que desea ser adorado como tal.

En su libro Sentados en Lugares Celestiales, Ana Méndez Ferrell habla acerca de este tema con lujo de detalle:

> "Mamón tiene un reino y una terrible estructura con la cual él domina los reinos de la tierra y a un gran número de cristianos. Este espíritu gobierna en una forma muy sutil y es muy difícil de ser detectado por el pueblo de Dios. Desafortunadamente, el hecho de ignorar sus maquinaciones es una de las causas principales que nos impide poder poseer lo que sí es nuestro".

El libro sigue describiendo que el propósito de este espíritu llamado Mamón es destruir nuestra confianza en Dios. De manera muy sutil, nos obliga a someternos a él. Mamón tiene una voz. Si pudiéramos identificarla, la conversación de esa voz sonaría como sigue:

> "Yo soy tu amo. Yo controlo tus finanzas y tu economía. Controlo tus emociones. Yo soy quién te dice lo que tú puedes hacer y lo que tú no puedes hacer. Yo determino adónde puedes viajar, y si acaso puedes viajar. Yo determino dónde puedes comprarte tu ropa. Yo determino a cuáles restaurantes sí puedes ir y a cuáles no puedes ir. Yo soy quién dice cómo

es que puedes tratar a los siervos de Dios y lo que sí puedes hacer y lo que no puedes hacer por ellos. Yo soy quién decido cuánto tienes que dar para la ofrenda y cuánto tienes que dar para tus diezmos, y también decido si acaso los tienes que dar o si caso tienes que diezmar. Yo decido a cuál escuela tienen que ir tus hijos y a cuál hospital puedes llevar a tu familia. Debes recordar que yo soy quién decido tu presupuesto y yo soy quién decido lo que puedes hacer y lo que no puedes hacer, porque yo soy tu amo. Cuando tienes que hacer una decisión que está basada en el dinero, yo soy la primera voz que vas a escuchar. Sí, y ese dolor que te da en el estomago acerca del dinero, ese soy yo, y eso es resultado del temor que he puesto dentro de ti".

¿Acaso alguien se ha preguntado por qué no ha habido ninguna transferencia de riquezas? En todas las áreas de nuestra vida, nos hemos sometido a este cruel amo llamado Mamón. Más adelante en este libro, voy a pasar algo de tiempo descubriendo a este espíritu para que podamos llegar a servir a Dios verdaderamente. Yo creo que sería muy bueno para todos nosotros si renováramos nuestros votos hacia el Señor Jesús y si nos arrepintiéramos por estar siendo controlados por Mamón.

Hagamos esta oración antes de seguir adelante:

"Padre Santo, quiero arrepentirme por haber estado controlado por la voz de Mamón. Por favor, perdóname, y dame un entendimiento mucho más profundo de cómo mi vida ha llegado a ser controlada a través de este espíritu de codicia y del anticristo. Por favor, restáurame a Tu lado, y enséñame a despreciar a Mamón."

Esta oración es sólo el comienzo de nuestra lucha para llegar a ser libres de este demonio. Nuestras ataduras hacia este demonio no comenzaron sólo el día de ayer. Hemos estado siendo condicionados durante toda nuestra vida para confiar en este demonio malvado. Se van a requerir muchas batallas y una total dependencia en el Espíritu Santo para poder llegar a ser libres.

Vamos a continuar en Lucas 16:14-15, donde encontramos unos comentarios muy interesantes hechos por Jesús:

> Los fariseos, que eran amantes del dinero, oían todas estas cosas, y se burlaban de El. Y El les dijo: Vosotros sois los que os justificáis a vosotros mismos ante los hombres, pero Dios conoce vuestros corazones, porque lo que entre los hombres es de alta estima, abominable es delante de Dios.

Jesús reveló completamente el corazón de los fariseos. Estos hombres diezmaban, daban ofrendas, siempre estaban en las sinagogas y eran los líderes espirituales en sus días. Usualmente, estos hombres eran muy ricos. Jesús hizo una declaración que aun hoy en día puede ser muy importante, "Vosotros sois los que os justificáis a vosotros mismos ante los hombres."

Como mencioné anteriormente, algunos creen que las riquezas materiales de alguna manera significan autoridad espiritual o tener más fe que otros. Yo no estoy marcando a todos los cristianos que tienen riquezas como si fueran fariseos. Yo estoy diciendo que todo el resto de las Escrituras es la vara por la cual todos somos juzgados.

El motivo para dar es lo que le preocupa primeramente a nuestro Señor Jesús, y debería ser también nuestro factor determinante. Las Escrituras están llenas de ejemplos de cómo podemos prosperar y no pasar carencias. Eso jamás ha estado en discusión, pero "el por qué damos" siempre va a estar siendo juzgado.

Usualmente, este es el primer nivel de dar, y si aquellos que comienzan este camino empiezan a evaluar sus motivos y permiten que el Espíritu Santo trate con ellos, entonces, nos moveremos al siguiente nivel de dar, el cual consiste en dar por obediencia.

Dar por Obediencia

Este nivel de dar viene por medio de escuchar la voz del Espíritu Santo y de desarrollar completa confianza en Él. Nos hemos movido más allá de confiar en Mamón, y nos hemos arrepentido de escuchar a esa odiosa voz del anticristo. En este punto de dar, vamos a empezar a entender que todo lo que tenemos y todo lo que lleguemos a tener viene de nuestro amado Padre celestial. Él desea que nosotros, que somos Sus hijos, seamos entrenados en los caminos más altos de la administración o de la mayordomía. Por lo tanto, Él nos va a probar en todos los niveles de obediencia y en todos los niveles en que podamos dar.

Este tipo de dar no es para poder obtener algo a cambio, sino sólo para obedecer. Nuestro verdadero motivo consiste solamente en agradar el corazón de nuestro Padre celestial. La obediencia en la mayoría de los casos no va a ser fácil, pero estamos aprendiendo a confiar en algo o en alguien que no seamos nosotros mismos. Una vez que entramos en este nivel de dar, la emoción de nuestro Padre celestial por haber encontrado a alguien que realmente confía en Él va a ser obvia. La Escritura que está al comienzo del capítulo seis de Mateo dice que Dios va a recompensar abiertamente a aquellos que le dan a Él en lo secreto.

En mi vida, he podido experimentar muchas situaciones en las cuales fue probada mi confianza en Dios. Recuerdo una ocasión en que el Espíritu Santo me estaba diciendo que yo tenía que dar una gran cantidad de dinero a un ministro. La idea de dar varios miles de dólares a través de una tarjeta de crédito no hacía ningún sentido para mí. ¿Cuántos de nosotros hemos aprendido que cuando el Señor habla de dar, la mente no es el instrumento que debemos usar para llegar a una decisión espiritual? Simplemente, debemos obedecer, sin hacer caso a lo que diga la mente racional. Afortunadamente, yo vencí a las voces de Mamón y al temor de dar aquello que el Señor me había dicho que diera. En cuestión de horas después de haber dado mi ofrenda, una persona se puso en contacto conmigo, la cual yo no conocía, para comprar cierto equipo que yo tenía a la venta. Esta venta me dio muchas más ganancias de lo que yo había dado en la ofrenda. Yo experimenté un sentimiento de satisfacción y de gozo por haber obedecido y una sensación completamente exhilarante por haber podido agradar a mi Padre celestial. Pero más allá de los sentimientos, yo tuve el sentir de que este acto de obediencia podía producir mucho más fruto que el simple hecho de cosechar lo que se había sembrado.

Ya hemos hablado de uno de los más grandes actos de obediencia demostrados por medio de Abraham. Este acto era la voluntad que tenía Abraham de sacrificar a su propio hijo. Este nivel de fe realmente no se entiende hoy en día, aunque muy frecuentemente los mensajes de fe en verdad son manifestados de esta manera. Pero ¿qué me dices acerca de la gente común y corriente como tú y como yo que hemos dejado todo en el altar, a fin de convertirnos en verdaderos discípulos de nuestro Señor?

Hay innumerables historias de preciosos santos que han testificado en el Espíritu acerca del sufrimiento de nuestro Señor con tal de mantener su derecho para convertirse en herederos de la salvación. Hombres como John G. Lake, quien dio toda su fortuna para ir en pos del llamado de Dios en su vida. Todos vamos a tener que hacer una decisión en momentos críticos de nuestra vida.

¿Acaso seremos capaces de obedecer instrucciones muy difíciles que en la esfera visible parecen ser peligrosas? ¿Acaso llegaremos a ser capaces de caminar en la esfera de lo sobrenatural, despojándonos de lo visible para poder ganar lo invisible?

Siervos de Dios tales como David, Josué, Moisés y otros pudieron entender este alto nivel de obediencia. Pero pocos de nosotros llamados "los comunes y corrientes" quienes hemos recibido instrucciones para dar y entregar todo aquello que estimamos muy apreciado en este mundo, debemos aprender a considerar el honor y el gozo que significa ser probados de esta manera.

Este nivel de dar va relacionado con la observación hecha por el autor de Hebreos 12:2, cuando él dijo,

> Puestos los ojos en Jesús, el autor y consumador de la fe, quien por el gozo puesto delante de El soportó la cruz, menospreciando la vergüenza, y se ha sentado a la diestra del trono de Dios.

También vemos un ejemplo de esta forma de dar en 1a. Reyes 17:10-14:

> El (Elías) se levantó y fue a Sarepta. Cuando llegó a la entrada de la ciudad, he aquí, allí estaba una viuda recogiendo leña, y la llamó, y le dijo: Te ruego que me consigas un poco de agua en un vaso para que yo beba. Cuando ella iba a conseguirla, la llamó, y le dijo: Te ruego que me traigas también un bocado de pan en tu mano. Pero ella respondió: Vive el Señor tu

> Dios, que no tengo pan, sólo tengo un puñado de harina en la tinaja y un poco de aceite en la vasija y estoy recogiendo unos trozos de leña para entrar y prepararlo para mí y para mi hijo, para que comamos y muramos. Entonces Elías le dijo: No temas; ve, haz como has dicho, pero primero hazme una pequeña torta de eso y tráemela; después harás para ti y para tu hijo. Porque así dice el Señor, Dios de Israel: "No se acabará la harina en la tinaja ni se agotará el aceite en la vasija, hasta el día en que el Señor mande lluvia sobre la faz de la tierra."

Sabemos que Dios normalmente habló en forma exclusiva a través de Sus profetas en esos días. Y hasta en tanto que Pedro recibió la revelación acerca de quién era Jesús, no muchos otros que escucharon la voz de Dios fueron mencionados en las Escrituras. Sin embargo, en el siguiente texto, podemos ver algo extraordinario.

> Vino después a él la palabra del Señor, diciendo: Levántate, ve a Sarepta, que pertenece a Sidón, y quédate allí; he aquí, yo he mandado a una viuda de allí que te sustente.
>
> —1a. Reyes 17:8-9

La parte que sobresale es donde dice, "Yo he mandado". A menudo yo me preguntaba por qué es que Dios hablaría con una mujer que no era judía acerca de proveer comida para Su profeta. Se me ocurrió que Dios siempre tiene en mente a las futuras generaciones. Si Él no podía encontrar gente judía que pudiera creer en él, entonces, Él tendría que encontrar a alguien fuera de ese pacto.

Noten lo que dice Jesús en la siguiente Escritura:

> Pero en verdad os digo: muchas viudas había en Israel en los días de Elías, cuando el cielo fue cerrado por tres años y seis meses y cuando hubo gran hambre sobre toda la tierra; y sin embargo, a ninguna de ellas fue enviado Elías, sino a una mujer viuda de Sarepta, en la tierra de Sidón.
>
> —Lucas 4:25-26

¿Qué es lo que tenía esta mujer que atrajo las riquezas de Dios para su casa y para su familia? Había algo en el corazón de esta mujer que pudo capturar el corazón del Padre celestial. Yo creo que su nivel de honestidad la hizo calificar como alguien que sería obediente para dar todo lo que ella tenía.

Esta mujer dice algo sumamente interesante en el versículo 18 de 1a. de Reyes 17, cuando su hijo muere. "Has venido para traer a memoria mis iniquidades y hacer morir a mi hijo." Yo creo que su hijo había nacido fuera del matrimonio, y la vergüenza y la culpa que esta mujer había sufrido creó tal forma de comunicación entre ella y Dios que hizo que el Padre celestial supiera que en ella había encontrado a alguien en quien Él podía confiar.

Algo sucede en nosotros cuando nos encontramos lejos de Dios y encarando la muerte. Tenemos que hacer decisiones que vienen desde el corazón y con absoluta honestidad y reconocimiento de la total falta de esperanza que tenemos sin Dios. Esta mujer encontró favor ante Sus ojos. Y no sólo su provisión fue suplida, sino que ella iba a ser testigo de la resurrección de su hijo. La simplicidad de creer verdaderamente, de confiar en Dios, es la puerta a nuestra más grande felicidad. Desgraciadamente, muchas veces hemos construido enormes paredes por medio de la duda y de la incredulidad, y eso nos impide ver grandes milagros.

Yo también puedo pensar en muchas situaciones en las cuales yo no obedecí a la voz del Espíritu Santo. Yo me he arrepentido de todas esas decisiones, y ahora sé que no hay excusa alguna ni razonamiento alguno que justifique la desobediencia. Si yo sólo hubiera sabido esto, entonces, de la manera como lo sé hoy, yo hubiera podido tener mayores manifestaciones de Su gloria que hubieran salvado muchos años de consecuencias debidas a decisiones equivocadas.

En las Escrituras podemos ver algunos ejemplos de desobediencia que causaron desastres y aun hasta la muerte misma. En Hechos 4 y 5, podemos encontrar algunos relatos extraordinarios. Vamos a ver algunos de estos versículos y vamos a tratar de escuchar lo que el Espíritu Santo está diciendo.

> La congregación de los que creyeron era de un corazón y un alma; y ninguno decía ser suyo lo que poseía, sino que todas las cosas eran de propiedad común.
>
> —Hechos 4:32

¿Cuándo ha estado la iglesia en "un solo corazón y en una sola alma" después de esta ocasión?

> Con gran poder los apóstoles daban testimonio de la resurrección del Señor Jesús, y abundante gracia había sobre todos ellos. No había, pues, ningún necesitado entre ellos, porque todos los que poseían tierras o casas las vendían, traían el precio de lo vendido, y lo depositaban a los pies de los apóstoles, y se distribuía a cada uno según su necesidad. Y José, un levita natural de Chipre, a quien también los apóstoles llamaban Bernabé (que traducido significa hijo de consolación), poseía un campo y lo vendió, y trajo el dinero y lo depositó a los pies de los apóstoles.
>
> —Hechos 4:33-37

Estamos viendo un gran mover de lo apostólico en esta hora. En algunos casos es real, pero en otros no lo es. No hay duda alguna de que los apóstoles de la iglesia primitiva se movían en una manera completamente real. Yo creo que el mover "real" en esta hora va a estar marcado con gran poder y gracia, y no va a haber duda alguna para diferenciar uno del otro. La verdad va a hablar por sí misma con señales y maravillas que van a hacer que los recursos las sigan.

No va a haber necesidad alguna para crear programas y agendas que están diseñados conforme al sistema de este mundo. Dios nunca ha necesitado que el sistema de este mundo apoye Sus planes. Todos haríamos mucho mejor si consideráramos los siguientes versículos del libro de los Hechos. Vamos a continuar viendo este relato.

> Pero cierto hombre llamado Ananías, con Safira su mujer, vendió una propiedad, y se quedó con parte del precio, sabiéndolo también su mujer; trayendo una parte del mismo lo puso a los pies de los apóstoles. Mas Pedro dijo: Ananías, ¿por qué ha llenado Satanás tu corazón para mentir al Espíritu Santo, y sustraer parte del precio del terreno? Mientras estaba sin venderse, ¿no te pertenecía? Y después de vendida, ¿no estaba bajo tu poder? ¿Por qué concebiste este asunto en tu corazón? No has mentido a los hombres, sino a Dios. Al oír Ananías estas palabras, cayó y expiró; y vino un gran temor sobre todos los que lo supieron. Y los jóvenes se levantaron y lo cubrieron, y sacándolo, le dieron sepultura. Después de un lapso como de tres horas entró su mujer, no sabiendo lo que había sucedido. Y Pedro le preguntó: Dime, ¿vendisteis el terreno en tanto? Y ella dijo: Sí, ése fue el precio. Entonces Pedro le dijo: ¿Por qué os pusisteis de acuerdo para poner a prueba al Espíritu del Señor? Mira, los pies de los que sepultaron a tu marido están a la puerta, y te sacarán también a ti. Al instante ella cayó a los pies de él, y expiró. Al entrar los jóvenes, la hallaron muerta, y la sacaron y le dieron sepultura junto a su marido. Y vino un gran temor sobre toda la iglesia, y sobre todos los que supieron estas cosas.
>
> —Hechos 5:1-11

¿Qué sucedería hoy en día si el Espíritu Santo comenzara a exponer los corazones de todas las personas que ofrendan y diezman? ¿Acaso el término "caer bajo el Espíritu Santo" tendría un significado diferente? Todos debemos postrarnos sobre nuestro rostro y pedir misericordia y perdón por todos nuestros motivos erróneos y por nuestros corazones desobedientes. La persona desobediente siempre hace daño, no sólo a sí mismo, sino a todos aquellos que lo rodean.

Yo creo en verdad que cuando esta era apostólica haya madurado, vamos a poder ver que los motivos de nuestro corazón van a ser revelados. Todos debemos orar para que estemos listos y dispuestos a ser obedientes a la voz del Espíritu Santo. A final de cuentas, cuando llegue el tiempo en que tengamos que decidir entre obedecer completamente u obedecer parcialmente como lo hacían Ananías y Safira, ¿qué es lo que cada uno de nosotros vamos a hacer?

El nivel de nuestro dar debe pasar estas tres pruebas para poder estar en el lugar de verdadera intimidad con nuestro Salvador y Señor Jesucristo. Las puertas se van a abrir a medida que pasemos cada una de estas pruebas que están relacionadas con el hecho de dar. Nuestra puerta más grande de resistencia consiste cuando rehusamos mirar más allá de nuestras circunstancias y cuando decidimos depender sólo en lo que miramos con nuestros ojos.

Esto sólo pospone lo inevitable, que es el sacrificio de nuestro ego. Esto requiere un amor completo y consumidor que conlleva a una entrega total, al darnos cuenta de todo aquello que ha sido cumplido y consumado en la cruz. La pasión de nuestro Señor Jesucristo nos debe consumir, de tal manera que nos lleve a dar el paso hacia el siguiente nivel de dar. Necesitamos llegar al punto de que seamos nosotros mismos la ofrenda que sea sacrificada en el altar de la consumación de nuestro ego. Pablo lo llama "un sacrificio vivo" por Pablo en el libro de Romanos capítulo 12.

El Sacrificio Vivo

Vamos a realizar un viaje, comenzando en el Antiguo Testamento, con algunos ejemplos de aquellos que se convirtieron en sacrificios vivos. Ya hemos hablado acerca de Isaac. El hecho interesante acerca de la ofrenda de obediencia de Abraham fue que Isaac era tan obediente como su padre. Isaac era por lo menos un adolescente, y es muy posible que tuviera la fuerza suficiente para haberse opuesto a Abraham si él hubiera querido.

El hecho de que no se rebeló ni se opuso, hace de esta obediencia una obediencia doble, por parte de quien ofrendaba, que era Abraham, y por parte de la ofrenda misma, que era Isaac. La analogía que existe entre Abraham y su hijo es una sombra que apunta al más grande amor de todos los siglos, que es Jesús, dando Su vida debido a Su gran amor por Su Padre.

Ahora vamos a ver un sacrificio vivo que también sabía cómo dar.

> Hubo un hombre en la tierra de Uz llamado Job; y era aquel hombre intachable, recto, temeroso de Dios y apartado del mal. Y le nacieron siete hijos y tres hijas. Su hacienda era de siete mil ovejas, tres mil camellos, quinientas yuntas de bueyes, quinientas asnas y muchísima servidumbre; y era aquel hombre el más grande de todos los hijos del oriente. Sus hijos solían ir y hacer un banquete en la casa de cada uno por turno, e invitaban a sus tres hermanas para que comieran y bebieran con ellos. Y sucedía que cuando los días del banquete habían pasado, Job enviaba por ellos y los santificaba, y levantándose temprano, ofrecía holocaustos conforme al número de todos ellos. Porque Job decía: Quizá mis hijos hayan pecado y maldecido a Dios en sus corazones. Así hacía Job siempre.
>
> —Job 1:1-5

La mayoría de los historiadores de la Biblia están de acuerdo en que tal vez el libro de Job, después de Génesis, es uno de los libros más antiguos en la Biblia. Esto significa que mucho antes de que Moisés introdujera las leyes y las costumbres que estaban asociadas con el judaísmo, Job ya sabía la manera de cómo honrar a Dios con sacrificios. Job sabía que el hecho de aborrecer el mal y temer a Dios era el principio por el cual tenía que vivir, y que al hacerlo, esto siempre le había traído sabiduría y riquezas.

Vamos a descubrir algunas cosas muy importantes acerca del hecho de convertirse en un sacrificio vivo. Este término suena tan santo e importante. Sin embargo, el precio para convertirse en un sacrificio vivo es más que evidente para uno mismo. Job descubrió que el hecho de dar y de ser obediente lo colocaban a él en una posición en que Dios podía usar a un hombre mortal para darle a Satanás una sombra de su destino.

Y sucedió que un día cuando los hijos de Dios vinieron a presentarse delante del Señor, vino también Satanás entre ellos para presentarse delante del Señor.

> Y el Señor dijo a Satanás: ¿De dónde vienes? Entonces Satanás respondió al Señor, y dijo: De recorrer la tierra y de andar por ella. Y el Señor dijo a Satanás: ¿Te has fijado en mi siervo Job? Porque no hay otro como él sobre la tierra, hombre intachable, recto, temeroso de Dios y apartado del mal. Y él todavía conserva su integridad, aunque tú me incitaste contra él para que lo arruinara sin causa. Respondió Satanás al Señor, y dijo: ¡Piel por piel! Sí, todo lo que el hombre tiene dará por su vida. Sin embargo, extiende ahora tu mano y toca su hueso y su carne, verás si no te maldice en tu misma cara. Y el Señor dijo a Satanás: He aquí, él está en tu mano; pero guarda su vida. Satanás salió de la presencia del Señor, e hirió a Job con llagas malignas desde la planta del pie hasta la coronilla. Y Job tomó un tiesto para rascarse mientras estaba sentado entre las cenizas. Entonces su mujer

le dijo: ¿Aún conservas tu integridad? Maldice a Dios y muérete. Pero él le dijo: Como habla cualquier mujer necia, has hablado. ¿Aceptaremos el bien de Dios y no aceptaremos el mal? En todo esto Job no pecó con sus labios.

—Job 2:1-10

Satanás creía de hecho que Job era como la mayoría de nosotros cuando nos encontramos amenazados o en peligro de perder nuestra vida "piel por piel". Aquí es cuando la madre de todas las pruebas comienza en nuestra vida. Si alguna vez llegamos a este lugar de sacrificio vivo, debemos estar preparados para convertirnos en el sacrificio que va a estar sobre el altar y debemos esperar ser una fragancia agradable para nuestro Padre.

El dolor de perderlo todo, excepto a una esposa incrédula y a tres consoladores miserables, debió haber sido el mismo infierno sobre la tierra para Job, pero a pesar de todo esto, la Biblia dice que "Job no pecó."

Una de las lecciones que podemos aprender de las experiencias de Job, es que todos nosotros que andamos en busca de Dios vamos a ser probados. Estas pruebas van a servir para medir qué tanto de nuestra carne y de nuestra alma están controlando nuestras decisiones para "dar nuestra vida". Vamos a descubrir más adelante que el alma está fragmentada entre el corazón, la mente y las emociones. El hecho de dar pone a prueba la mente y el corazón del hombre. Estas áreas fueron fragmentadas en la caída de Adán. Hebreos 4:12 dice que la Palabra de Dios "es poderosa y más cortante que una espada de dos filos." Su Palabra puede cortar a través de nuestro espíritu y alma y a través de nuestras coyunturas y médulas, hasta que llega a "descubrir los deseos y las intenciones de nuestro corazón."

El hombre es la única criatura cuyos pensamientos pueden ser diferentes de sus intenciones o de sus motivos. El hecho de dar es la única llave que llega a unificar los motivos y los pensamientos para que nuestra relación sea más profunda.

Si nuestro dar se corrompe por medio de las actitudes de "¿Qué es lo que voy a obtener de provecho de todo esto?", entonces, nunca vamos a poder progresar. Si queremos pasar del nivel de "sólo dar para obtener algo a cambio", para movernos en el nivel de "dar sólo por obediencia", entonces debemos ser sensibles al precioso Espíritu Santo y a Sus métodos como Él nos prueba.

Job no conocía el camino de la cruz. Sin embargo, él estaba dispuesto a través de la fe a confiar en Dios y a mantener su integridad. Job fue un sacrificio vivo que produjo un aroma tan agradable para la nariz de Dios, hasta el punto que Satanás fue avergonzado por medio de un hombre mortal.

El dolor de perderlo todo ya era bastante, pero el continuo tormento de los consoladores tan miserables era, y aun es hoy en día, como Satanás en persona. Qué gozo recibió el Padre cuando Job oró por todos aquellos que lo habían atormentado después de haber pasado su prueba. Esto fue como patear la herida que estaba visible en la cabeza de Satanás.

El nombre de Job es mencionado en Ezequiel 14:13-14, formando parte de un grupo de tres hombres muy justos:

> Hijo de hombre, si un país peca contra mí cometiendo infidelidad, y yo extiendo mi mano contra él, destruyo su provisión de pan y envío hambre contra él y corto de él hombres y animales, y aunque estos tres hombres, Noé, Daniel y Job, estuvieran en medio de él, ellos, por su justicia, sólo se librarían a sí mismos- declara el Señor Dios.

Esto habla muy grandemente acerca de qué tanto se agradaba Dios con el sacrificio vivo de este hombre. Job todavía estaba en la mente de Dios aun mucho después de que ya había muerto. Esta ofrenda de Job fue contada como justicia. Todos nosotros tenemos esta oportunidad de poder presentarnos a nosotros mismos ante el Señor como sacrificio vivo.

El siguiente ejemplo de un sacrificio vivo lo podemos encontrar en Romanos 12. Vamos a describir con algo más de detalles lo que significa esta frase:

> Por consiguiente, hermanos, os ruego por las misericordias de Dios que presentéis vuestros cuerpos como sacrificio vivo y santo, aceptable a Dios, que es vuestro culto racional. Y no os adaptéis a este mundo,

sino transformaos mediante la renovación de vuestra mente, para que verifiquéis cuál es la voluntad de Dios: lo que es bueno, aceptable y perfecto.

—Romanos 12:1-2

El hombre que escribió esta Escritura conocía algo acerca del hecho de convertirse en un sacrificio vivo. Pablo había sido un zelote durante años antes de su experiencia en el camino a Damasco. Pablo, que había sido conocido como Saulo, era la persona usada por Satanás como su verdugo para atormentar y matar a los primeros cristianos. Saulo creía que esto era su deber como un buen fariseo, a fin de mantener y guardar la ley levítica de Moisés, y de esta manera, destruir a todos aquellos que eran seguidores de este blasfemo llamado Jesús. Sin embargo, Jesús fue capaz de transformar a este verdugo en un libertador. Esta transformación tomó lugar como resultado de la muerte de Saulo y la resurrección de Pablo.

Esto nos puede suceder a nosotros mismos cuando nos colocamos en el altar. Aquello que se pone en el altar, no va a ser igual a aquello que se recoge del altar. Pero aunque la transformación espiritual ocurrió en el camino a Damasco, yo creo que hubo algo mucho más dramático en la esfera espiritual en Jerusalén cuando Saulo estaba observando a Esteban siendo apedreado.

Vamos a ver la siguiente Escritura en Hechos 7:51-8:1, donde Esteban estaba predicando su último sermón.

Vosotros, que sois duros de cerviz e incircuncisos de corazón y de oídos, resistís siempre al Espíritu Santo; como hicieron vuestros padres, así también hacéis vosotros. ¿A cuál de los profetas no persiguieron vuestros padres? Ellos mataron a los que antes habían anunciado la venida del Justo, del cual ahora vosotros os hicisteis entregadores y asesinos; vosotros que recibisteis la ley por disposición de ángeles, y sin embargo no la guardasteis. Al oír esto, se sintieron profundamente ofendidos, y crujían los dientes contra él. Pero Esteban, lleno del Espíritu Santo, fijos los ojos en el cielo, vio la gloria de Dios y a Jesús de pie a la diestra de Dios; y dijo: He aquí, veo los cielos abiertos, y al Hijo del Hombre de pie a la diestra de Dios. Entonces ellos gritaron a gran voz, y tapándose los oídos arremetieron a una contra él. Y echándolo fuera de la ciudad, comenzaron a apedrearle; y los testigos pusieron sus mantos a los pies de un joven llamado Saulo. Y mientras apedreaban a Esteban, él invocaba al Señor y decía: Señor Jesús, recibe mi espíritu. Y cayendo de rodillas, clamó en alta voz: Señor, no les tomes en cuenta este pecado. Habiendo dicho esto, durmió. Y Saulo estaba en completo acuerdo con ellos en su muerte. En aquel día se desató una gran persecución en contra de la iglesia en Jerusalén, y todos fueron esparcidos por las regiones de Judea y Samaria, excepto los apóstoles.

Yo creo que la oración de Esteban es lo que tocó el corazón de Dios y marcó a Saulo para que se convirtiera en

Pablo. Esta oración, que sólo puede ser expresada estando en un lugar de "total llenura o plenitud del Espíritu Santo", es una bomba espiritual en el Espíritu. El amor en esas palabras puede desgarrar el velo de nuestros ojos espirituales. Esta oración es lo que sale de un corazón de alguien que ya ha dominado la llave de dar en todas sus etapas.

Por favor, debes de ver el poder que sale de alguien que era verdaderamente un sacrificio vivo. La oración de Esteban produjo tal poder en los cielos, que Saulo, quien todavía no estaba consciente del significado espiritual de estas palabras, fue marcado para el resto de su vida por ellas.

El suceso en el camino a Damasco fue la manifestación física de algo que ya se había cumplido en la esfera espiritual. La ceguera de Saulo había sido transformada a fin de producir la visión de Pablo. Cuando se le cayeron las escamas de los ojos de Saulo, el transplante del corazón de Esteban a Pablo se había completado. Esos tres días de ceguera nunca hubieran podido revelar el nivel de luz que estaba llenando al espíritu de Pablo. Era el manto de Esteban que estaba envolviendo el alma misma de Pablo. Lo que hicieron los testigos al tirar el manto de Esteban a los pies de Saulo mientras era apedreado, fue un acto espiritual: Dios le transfería a Saulo el manto de Su siervo Esteban. Lo que Pablo dice en Romanos 1:14-17 expresa aquello que sucedió en su vida.

> Estoy en deuda tanto para con los griegos como para con los bárbaros, para con los sabios como para con

los ignorantes. Así que, por mi parte, ansioso estoy de anunciar el evangelio también a vosotros que estáis en Roma. Porque no me avergüenzo del evangelio, pues es el poder de Dios para la salvación de todo el que cree; del judío primeramente y también del griego. Porque en el evangelio la justicia de Dios se revela por fe y para fe; como está escrito: Mas el justo por la fe vivirá.

Pablo se convirtió en un deudor de Esteban para cumplir y realizar la vida que él, Saulo en persona, había eliminado. ¿Acaso no es esta la posición en que nosotros nos encontramos? Si podemos llegar a ver que todos nosotros somos deudores por medio de la crucifixión de nuestro Señor y Salvador Jesucristo, entonces, nosotros también podemos convertirnos en un sacrificio vivo.

Estamos hablando acerca de convertirnos en la ofrenda. Pablo se convirtió en la ofrenda por medio de presentar su cuerpo como un sacrificio vivo. Él sabía que los cuerpos muertos no eran aceptables ni aquellos que estuvieran cojos, o que estuvieran manchados, o que tuvieran cualquier tipo de defectos. Dios dio lo mejor, y Él no espera nada menos de nosotros. Debemos llegar al altar de Dios siendo nuestros cuerpos como un sacrificio vivo.

Cuando hemos llegado a este punto en nuestro dar cristiano, entonces hemos llegado al altar de Dios donde la obediencia ahora va a ser cambiada en entendimiento. Esta es la forma más pura de ofrenda. Este es el ejemplo que estableció el unigénito Hijo de Dios. Este debe de ser el objetivo de la iglesia que fue diseñada con el propósito de agradar al Padre.

Una vez que nos convertimos en la ofrenda, Abba sabe que estamos comprometidos con Él seriamente. Y no es acerca del dónde o del cuándo que necesitamos estar preocupados con relación al principio de sembrar y segar. Es aquí cuando venimos a entender que "dar" es mucho mejor que recibir. Esta es la condición donde una persona vive por fe. Esta es la situación en donde tú puedes caminar en el Espíritu y no en la carne.

Esto es donde todos nosotros queremos estar. Esto es donde comienza la renovación de la mente para manifestar la voluntad del Padre. Este es el lugar donde las verdaderas confesiones que hacemos de Sus promesas comienzan a manifestarse en nuestras vidas. Esto es donde tú y yo podemos vivir, si es que somos capaces y dispuestos a pagar el precio. Ese precio es nuestra vida, tal y como ya lo sabemos. Por esto es que nuestras mentes deben ser transformadas, debido a que la vida que entendemos actualmente es como si estuviéramos viendo a través de una ventana muy sucia. No podemos ver la imagen completa ni el panorama correcto. Por lo tanto, lo que vemos está incompleto; le falta información que es crítica para que podamos entender cada situación que enfrentamos.

¿Cuántas veces en nuestra vida tomamos decisiones que han sido basadas en falsas imágenes? ¿Por qué es que la imagen que tenemos del Padre celestial varía tanto de persona a persona? Yo te digo que nuestra información está corrompida. Esto se parece a lo que le sucede a una computadora cuando la alimentas con la información equivocada: aparece la respuesta equivocada. Viene a suceder lo que dice el viejo dicho, "Aquello en lo que inviertes, es lo mismo que va a salir como resultado."

Si las mentes no transformadas tratan de entender lo espiritual, inevitablemente, vamos a tener una percepción equivocada de Dios, y esto va a dar como resultado decisiones equivocadas y vidas frustradas. Sin embargo, si venimos al altar con todo lo que tenemos, no sólo en dinero, sino en nuestras vidas mismas, entonces, algo cambia en nuestra mente. Ese cambio, eventualmente, va a afectar nuestro corazón, lo cual, a su vez, va a afectar nuestra alma.

Pablo dice que debemos obrar nuestra salvación con temor y temblor. La salvación se obra cuando la mente es transformada. Esa transformación debe comenzar en una nueva generación de creyentes que vayan mucho más allá de la actitud "de dar para recibir algo a cambio". Esto va a llevar al pueblo de Dios del nivel de dar por obediencia al nivel de finalmente convertirse en la ofrenda misma.

Nosotros como iglesia debemos convertirnos en este sacrificio vivo corporativamente. Al hacer esto, vamos a introducir a una nueva generación a la vida donde lo sobrenatural se va a convertir en la forma natural de vivir.

2

La Segunda Llave, Oración

Y cuando oréis, no seáis como los hipócritas; porque a ellos les gusta ponerse en pie y orar en las sinagogas y en las esquinas de las calles, para ser vistos por los hombres. En verdad os digo que ya han recibido su recompensa. Pero tú, cuando ores, entra en tu aposento, y cuando hayas cerrado la puerta, ora a tu Padre que está en secreto, y tu Padre, que ve en lo secreto, te recompensará. Y al orar, no uséis repeticiones sin sentido, como los gentiles, porque ellos se imaginan que serán oídos por su palabrería. Por tanto, no os hagáis semejantes a ellos; porque vuestro Padre sabe lo que necesitáis antes que vosotros le pidáis. Vosotros, pues, orad de esta manera:

"Padre nuestro que estás en los cielos, santificado sea tu nombre. Venga tu reino. Hágase tu voluntad, así en la tierra como en el cielo. Danos hoy el pan nuestro de cada día. Y perdónanos nuestras deudas, como también nosotros hemos perdonado a nuestros deudores.

Y no nos metas en tentación, mas líbranos del mal. Porque tuyo es el reino y el poder y la gloria para siempre jamás. Amén."

Porque si perdonáis a los hombres sus transgresiones, también vuestro Padre celestial os perdonará a vosotros. Pero si no perdonáis a los hombres, tampoco vuestro Padre perdonará vuestras transgresiones.

—Mateo 5:15

La siguiente llave es la oración. Jesús nos mostró que el orden es muy importante para abrir puertas. Una vez que aprendemos "a convertirnos en la ofrenda" por medio de dar, podemos aprender una nueva manera para orar. Una gran mayoría de cristianos no tienen motivación alguna para orar, o si lo hacen, ellos no tienen el entendimiento elemental como para ser efectivos.

Esta llave de oración es tan importante para nuestro desarrollo que sólo puede ser colocada en las manos de aquellos que han podido dominar la llave de dar. La oración hace en nuestra mente lo que el dar ha realizado en nuestro corazón. El corazón que ha estado tan corrupto por medio del egoísmo, debe estar en el altar de Dios antes de que la mente pueda ser transformada por medio de los pensamientos del Padre.

Nuestra mente debe de ser liberada de estar pensando que somos o que debemos ser el centro de todo lo que hacemos para Dios. Es en esta "posición" que el Señor puede comenzar a mostrarnos cómo orar. La oración de que estoy hablando no se parece en nada a lo que hemos aprendido, o peor aun, no se parece a nada que nos hemos imaginado. La verdadera oración es poder entrar en la mente y en el corazón del Padre para convertirnos en Sus deseos cumplidos en la tierra, tal y como se cumplen en el cielo.

Este tipo de entendimiento de la oración, sólo puede ser dado al creyente que ha pasado a través de la puerta de dar. El Señor es rápido para recompensar a aquellos que siguen Su modelo de dar y entonces oran. Vemos a través de todo el capítulo de Mateo 6 Su repuesta cuando vamos a encontrarnos con Jesús en lo secreto.

El lugar secreto es un área especial de reunión que ha sido diseñada para ser diferente cada vez, de tal manera que el hombre, aunque lo acostumbra muy rápidamente, no pueda hacer de esto un rito religioso o un método sagrado de encontrarse con Dios. Se llama el lugar secreto porque es secreto cada vez que queremos estar con Él. La manera de acercarse al Padre celestial debe ser diferente cada vez, de tal manera que Él pueda seguir revelándonos una y otra vez los motivos e intenciones de nuestro corazón.

La oración es una de las pocas cosas que podemos hacer en nuestro desarrollo cristiano y que siempre va a agradar al Padre. Abba es nuestro Padre celestial y le gusta escuchar a Sus hijos.

Los hijos básicamente son egoístas, y son muy limitados cuando tiene que ver con la conversación, pero Abba tiene una manera para entrenar a aquellos que por lo menos hacen un esfuerzo para hablar con Él. Así que no debemos desanimarnos con relación al comienzo de nuestra vida de oración.

Yo puedo recordar mis primeros intentos para orar y que esto resultaba en tanta frustración, debido a todo el tiempo que caía "en vanas repeticiones". Yo tenía la esperanza que mis palabras fueron oídas porque yo creía que ese era mi derecho como cristiano. Honestamente, no pienso que ninguna de mis oraciones fue contestada. Viendo hacia atrás, puedo ver que fue la sabiduría de Dios la que dio como resultado el hecho de no contestar mis oraciones, porque la mayoría de esas oraciones eran egoístas, y si hubieran sido contestadas, hubieran hecho de mi vida un infierno mucho mayor del que ya tenía. Tú tal vez has escuchado en el mundo una frase muy popular que dice, "Ten cuidado con lo que oras, porque tal vez vas a recibir lo que estás pidiendo." Aun los no creyentes entienden el poder de la oración.

Los cristianos comunes y corrientes creen que la oración es como si fuera el niño diciéndole al "Padre" lo que él o lo que ella quiere. Aunque el Padre está muy interesado en escuchar a Sus hijos, Él está mucho más preocupado acerca de los motivos de sus corazones. Lo que sí llama la atención del Padre celestial es el intercambio que está libre de agendas o motivos secretos y libre de auto-exaltación.

La visualización es tremendamente importante en cualquier tipo de relación. Esto se debe a que perdimos nuestra propia visualización en el Jardín del Edén, y por lo tanto, el Padre celestial está dispuesto a reformar Su imagen en nosotros. La imagen con que comenzamos en oración debe ser cambiada. Esto requiere de pasar tiempo en Su presencia, sin buscar cosa alguna que no sea sólo Él.

Hay varios niveles y hay varias posiciones de la oración.

La Oración de la Mente

Este tipo de oración es típico de los cristianos que no han ido a través del proceso que se requiere para poder recibir la llave de dar. Estos creyentes no han pasado al altar de la negación de uno mismo, y por lo tanto, no saben cómo orar.

Las oraciones que vienen de la mente no transformada tienen muy poco o ningún impacto en el ámbito espiritual. Ya hemos aprendido que la fe no reside en la mente. Esta puede ser la razón por la cual el Espíritu

Santo no es recibido o no es entendido por la mayoría de la gente de este planeta. Todos hemos sido entrenados para memorizar, clasificar y procesarlo todo a través de la mente, y entonces, poder hacer decisiones. Hemos sido enseñados en este procedimiento por medio de la mayoría de las escuelas de educación primaria y secundaria. Este entrenamiento está considerado como la parte más importante de nuestro desarrollo.

El tiempo y la energía que invertimos en desarrollar los sentidos naturales es asombroso, considerando especialmente que tenemos una vida promedio de menos de 80 años. La verdadera tragedia es que son muy pocos los que están conscientes de la esfera espiritual, y aun son menos los que saben cómo tener acceso a ella. Estos que han llegado a tener este entendimiento, normalmente, no son los cristianos. Ha sido nuestra experiencia que sólo muy pocos que están en liderazgo son capaces de moverse en el Espíritu. Lo que es más triste es que hemos encontrado que aquellos que tienen conocimiento de esta esfera son los que se encuentran dentro del movimiento de la Nueva Era, lo cual no es otra cosa sino brujería disfrazada de tal manera que se vea refinada y aceptable intelectualmente.

Las oraciones de la mente son aquellas que no tienen su origen en el Espíritu Santo, sino en el alma carnal de la gente. Estas oraciones provocan en el cristiano una sensación de bienestar. Esto se debe a que el hombre siempre ha querido que la religión le diga cómo actuar, qué hacer, qué reglas debe seguir, etc. La religión toma el lugar de Dios, y deja al hombre sin defensa alguna cuando él tiene que lidiar en contra de demonios y de influencias demoníacas.

Tenemos que entender que la oración comienza por medio de vivir nuestras vidas en una forma muy especial. Jesús explicó esto a sus discípulos, ilustrando varios puntos muy importantes. Principalmente, Jesús dijo que ningún hombre puede ser Su discípulo a menos que esté dispuesto a dejarlo todo.

> Si alguno viene a mí, y no aborrece a su padre y madre, a su mujer e hijos, a sus hermanos y hermanas, y aun hasta su propia vida, no puede ser mi discípulo. El que no carga su cruz y viene en pos de mí, no puede ser mi discípulo.
>
> —Lucas 14:26-27

El entender este principio viene de darnos cuenta de que nuestra vida ya no nos pertenece. Esto debería eliminar de forma inmediata el orar en nuestra mente. Aquel que ora en la mente, es aquel que piensa que sus oraciones pueden ser oídas debido a su mucha palabrería.

La mente está llena de ruidos, principalmente, porque es el centro de muchas voces. Estas voces vienen del "amo" a quien hemos decidido escuchar. En un capítulo anterior, hablamos acerca de la voz de Mamón. Cualquier otra voz que no sea la voz del Espíritu Santo, ha sido diseñada por el enemigo para crear duda y temor. Por lo tanto, las oraciones que vienen de una mente que no ha sido renovada y reformada a la imagen de Cristo Jesús, van a ser oraciones egoístas y llenas de temores. La razón por la cual esto ocurre es porque la persona que está orando está convencida por el enemigo de que sus necesidades deben ser suplidas para que su bienestar permanezca. El motivo que está detrás de estas oraciones es el temor, no la fe. Y la mente, a causa de su naturaleza caída, tiene que creer que se encuentra segura y protegida para que pueda funcionar normalmente. Es muy fácil poder ver por qué estas oraciones no tienen efecto alguno, y al contrario, producen una imagen falsa de nuestro Padre.

Hablamos anteriormente acerca de la necesidad de tener la mente renovada. Este va a ser un tema que vamos a examinar a través de todo nuestro estudio.

La mente no regenerada va a perder todas las batallas que enfrente contra el diablo. Este tipo de oración, por más que la hagas, no te puede proteger o revelarte la voluntad del Padre. De hecho, la mente natural no te va a permitir entender nada de la Biblia. La Biblia fue escrita por el Espíritu Santo, y Él es el Único que la convierte en realidad en nuestro espíritu.

Por lo tanto, si nuestra vida de oración es tediosa, aburrida y vacía, haríamos muy bien si la cambiáramos por el modelo de Cristo Jesús. Ese modelo es seguir al Espíritu Santo. Él nos va a enseñar cómo dar en obediencia, antes de mostrarnos cómo orar. Permite que el Espíritu Santo te lleve más allá de "lo que puedas creer". Él va a abrir una puerta de oración como nunca antes la has tenido. Paso a paso, cada uno de nosotros podemos aumentar nuestra fe y aprender a depender totalmente del Espíritu Santo para "nuestro pan de cada día".

Cuando hemos entrado por la puerta de la oración, la cual se abre por medio de la llave de dar, de inmediato, vamos a comenzar a movernos mucho más allá de la mente, y vamos a comenzar a orar directamente de nuestro espíritu.

La Oración Procedente del Espíritu

Este tipo de oración se puede reconocer por medio de varias evidencias de muchas cosas, una de las cuales es el recibir respuestas a nuestras oraciones. La oración se convierte en una de las sustancias más valiosas de tu vida diaria, ya que te estás convirtiendo en una sola mente con el más asombroso Espíritu de oración—el Espíritu Santo.

"DANOS hoy el pan de cada día." Este es un ejemplo de que debemos ser dadores antes de poder pedir que algo nos sea dado. Y entonces, notas cómo el alimento va a estar envuelto en la revelación de cada día, el cual es nuestro pan. Diariamente, se convierte en comida para nuestro espíritu, porque el Espíritu Santo tiene planes para ese día, los cuales vienen desde antes de la fundación del mundo, y el descubrir esto se convierte en nuestro sustento cotidiano.

Ya nos hemos convertido en un "sacrificio vivo" sobre el altar de nuestro Dios. Hemos podido desarrollar ese nivel de confianza para poder creer que nuestro Padre va a cuidar de CADA NECESIDAD NUESTRA, pero ¿qué pasa con las necesidades de Él?

El Padre está deseando hijos que maduren para que Él pueda confiar en ellos como los administradores de Su reino. Esto requiere hijos que estén dispuestos a escuchar a Su Espíritu y que estén dispuestos a compartir las obligaciones de un administrador. Estos administradores deben entender sus deberes. Esto sólo es posible por medio de orar en y desde el Espíritu Santo.

> Pero Dios nos las reveló por medio del Espíritu, porque el Espíritu todo lo escudriña, aun las profundidades de Dios. Porque entre los hombres, ¿quién conoce los pensamientos de un hombre, sino el espíritu del hombre que está en él? Asimismo, nadie conoce los pensamientos de Dios, sino el Espíritu de Dios. Y nosotros hemos recibido, no el espíritu del mundo, sino el Espíritu que viene de Dios, para que conozcamos lo que Dios nos ha dado gratuitamente, de lo cual también hablamos, no con palabras enseñadas por sabiduría humana, sino con las enseñadas por el Espíritu, combinando pensamientos espirituales con palabras espirituales. Pero el hombre natural no acepta las cosas del Espíritu de Dios, porque para él son necedad; y no las puede entender, porque se disciernen espiritualmente.
>
> —1a. Corintios 2:10-14

La oración ya no va a ser sólo nuestra voz que emana de la condición caída de nuestra mente, sino que va a ser el Espíritu de Dios, comunicándose con nuestro espíritu. Este será un intercambio glorioso, orquestado desde el cielo, y demostrado en la tierra a través de un vaso dispuesto a andar en los caminos del Espíritu. Esta condición maravillosa es donde nuestros deberes como administradores se realizan. A medida que escuchamos el corazón de nuestro Padre, nuestro espíritu se une con Su Espíritu en tal compasión y fe que aun nuestra misma existencia se ve alterada.

Cuando nos encontramos en esta cooperación celestial, nuestras necesidades tales como comida, casa, dinero, etc., vienen a carecer de importancia. Después de todo, estamos ahora participando con el Espíritu de Dios, estableciendo Su reino en esta tierra. Su reino domina toda sustancia material en el universo. Esto es lo que Jesús demostró cuando transformó el agua en vino, o cuando alimentó a las multitudes, o cuando le ordenó a un pez que tragara una moneda de oro.

Estas oraciones son oraciones del reino que han sido diseñadas para establecer un acuerdo con aquello que es mucho más alto que lo que nosotros queremos o necesitamos.

> Y de la misma manera, también el Espíritu nos ayuda en nuestra debilidad; porque no sabemos orar como debiéramos, pero el Espíritu mismo intercede por nosotros con gemidos indecibles; y aquel que

escudriña los corazones sabe cuál es el sentir del Espíritu, porque El intercede por los santos conforme a la voluntad de Dios.

—Romanos 8:26-27

Este pasaje de la Biblia se usa generalmente cuando alguien está enseñando acerca de los que oran en lenguas desconocidas. ¿Pero acaso alguna vez hemos considerado que nuestro precioso Espíritu Santo está tan lastimado por nuestra condición de "tinieblas", hasta el grado que ya no tiene palabras para expresar Sus sentimientos al Padre celestial?

De la misma manera, cuando unimos nuestro espíritu con Él, no tenemos palabras terrenales que pueden expresar nuestra condición. Esta posición de oración viene de y es en el Espíritu Santo. No es un lugar en nuestras mentes ni en nuestras emociones.

Dios es un Dios de orden y de diseño, y requiere verdaderos cristianos disciplinados que se unan con Él en oraciones que desaten los destinos de gentes y de países enteros. El orar de esta manera en el Espíritu demanda un nivel tan alto de obediencia y de perseverancia, que sin la llave del dar, no se tiene la capacidad para entrar y para creer lo que el Espíritu Santo va a revelar. Esto no sólo requiere orar en el Espíritu, sino que requiere una fe que esté a Su nivel. Esa fe viene por medio de oír, y el oír viene por medio de la Palabra de Dios. Este versículo se convierte en realidad en este lugar de oración. ¿Por qué? Porque vas a escuchar la voz del Espíritu de Dios, y aquello que escuches, lo vas a creer, y vas a comenzar a declararlo (Romanos 10:9-10). Esto crea la fe de Dios en ti, a través de la palabra Rhema (revelada) que has escuchado y repetido en alta voz. Esto es lo que hace que la oración del hombre justo sea efectiva, como lo menciona Santiago capítulo 4.

La oración debe de ser un intercambio de lo que está sucediendo en el cielo con lo que está sucediendo en la tierra. Si esto no se efectúa de esta manera, no se ha experimentado la verdadera oración. Todo lo que sucede en el reino celestial está buscando una avenida, por medio de la cual se pueda manifestar en el ámbito natural.

Cuando Jesús dijo, "Yo sólo hago lo que hace mi Padre", eso no sólo fue dicho para llenar las páginas de la Biblia. Esta fue una enseñanza que nos muestra cómo orar. Todo lo que nosotros necesitamos y todo lo que el Padre quiere manifestar, ya ha sido hecho. La oración no es sólo comunicación, sino es demostración.

> Por eso Jesús, respondiendo, les decía: En verdad, en verdad os digo que el Hijo no puede hacer nada por su cuenta, sino lo que ve hacer al Padre; porque todo lo que hace el Padre, eso también hace el Hijo de igual manera. Pues el Padre ama al Hijo, y le muestra todo lo que El mismo hace; y obras mayores que éstas le mostrará, para que os admiréis. Porque así como el Padre levanta a los muertos y les da vida, asimismo el Hijo también da vida a los que El quiere.
>
> —Juan 5:19-21

Esta declaración fue hecha para demostrarnos que a medida que nos unimos con el Espíritu Santo, perdemos por completo nuestra propia identidad y nos convertimos en una sola voz. Esta voz no tiene temores, ni dudas ni incredulidad. Esta voz llama a las cosas del cielo para que se manifiesten en la tierra y puede ver el final desde el principio. Esta es la voz que dice, "Sea la luz" y fue hecha, y fue buena. La oración se ha convertido en el lenguaje del cielo. Deja que esto penetre profundamente en tu espíritu.

Estamos tratando con poderes tan grandes que nuestros cuerpos y mentes terrenales son incapaces de comprender esta magnitud. Por esto es que se requiere el entrenamiento que Jesús está describiendo a través de Mateo 6.

Convirtiéndonos en la Oración

La oración anterior es un ejemplo en el cual Jesús hizo sólo aquello que vio hacer al Padre, y es una revelación maravillosa del nivel de oración que transforma las cosas en el ámbito natural. Pero tú tal vez digas que ése fue Jesús, y por lo tanto, ¿cómo es que podemos nosotros ver al Padre? Jesús fue entrenado por el Espíritu Santo para entrar en tal intimidad con el Padre que ver el ámbito espiritual y poder observar a Su Padre era Su costumbre. Eso reprodujo en la tierra lo que Jesús vio en el cielo. Y fue tan natural para Él como el hecho de respirar.

Orar en este nivel no es algo que se pueda entender sin que uno se haya convertido primeramente en el don. Esto se logra atravesando el "fuego" con que Jesús envuelve a Su pueblo.

> Juan respondió, diciendo a todos: Yo os bautizo con agua; pero viene el que es más poderoso que yo; a quien no soy digno de desatar la correa de sus sandalias; El os bautizará con el Espíritu Santo y fuego.
>
> —Lucas 3:16

Hablamos anteriormente acerca de orar en el "Espíritu", pero el hecho de "convertirse en la oración" es un nivel que va mucho más allá. Debemos convertirnos en el fuego que viene del altar del cielo. ¡Esto es algo muy poderoso! Vamos a considerar esto por un momento.

Comenzamos nuestra vida de oración por medio de unirnos con el Espíritu de Dios. Gradualmente, comenzamos a ver que, mientras más el Espíritu Santo controle nuestra vida, más fuego va a arder dentro de nuestro espíritu.

Mientras más fuego arda dentro de nosotros, menos "paja y basura" va a quedar dentro de nosotros. El fuego se convierte en algo tan intenso que somos consumidos. Nos convertimos en el incienso que se menciona en Apocalipsis y en los carbones del altar que Dios refiere en Isaías.

> Cuando tomó el libro, los cuatro seres vivientes y los veinticuatro ancianos se postraron delante del

> Cordero; cada uno tenía un arpa y copas de oro llenas de incienso, que son las oraciones de los santos.
>
> —Apocalipsis 5:8

> Entonces voló hacia mí uno de los serafines con un carbón encendido en su mano, que había tomado del altar con las tenazas; y con él tocó mi boca, y dijo: He aquí, esto ha tocado tus labios, y es quitada tu iniquidad y perdonado tu pecado.
>
> —Isaías 6:6-7

Cuando nos convertimos en la "oración", venimos verdaderamente a ser irreconocibles para nosotros mismos. El Padre, cuyo corazón siempre ha estado deseando traer de regreso a Sus hijos, comienza a orar a través de nosotros. Esto se manifiesta más allá de gemidos en el fuego espiritual sobre el altar de Dios. Este fuego, a medida que quema nuestros pecados y nuestras iniquidades, se convierte en incienso. El olor coincide con la cantidad de alma y de carne que está siendo quemada.

A medida que nos rendimos más y más de nuestros egoísmos, este aroma va cambiando. Finalmente, cuando lo único que queda en el altar es nuestra mente y alma renovadas, la fragancia tiene olor celestial. Este es el olor que penetra el corazón y la mente de aquellos a quienes el Padre ha asignado nuestras oraciones. Este dulce aroma, creado por estas oraciones, y que algunas veces es llamada intercesión, se convierte en un arma muy poderosa. Estas oraciones contienen todas las propiedades del Espíritu Santo. Nuestras oraciones transforman la atmósfera, y lo hacen de tal manera que ya no estamos seguros si nos encontramos en nuestros cuerpos o fuera de ellos.

> Conozco a un hombre en Cristo, que hace catorce años (no sé si en el cuerpo, no sé si fuera del cuerpo, Dios lo sabe) el tal fue arrebatado hasta el tercer cielo. Y conozco a tal hombre (si en el cuerpo o fuera del cuerpo no lo sé, Dios lo sabe) que fue arrebatado al paraíso, y escuchó palabras inefables que al hombre no se le permite expresar.
>
> —2a. Corintios 12:2-4

Muchos hombres de Dios han llegado a este nivel de desarrollo en la oración. Jesús fue el ejemplo perfecto para todos ellos. La primera oración a que nos vamos a referir y que tocó el corazón del Padre celestial fue hecha por nada menos que nuestro Señor y Salvador Jesucristo.

> Cuando llegaron al lugar llamado la Calavera, crucificaron allí a Jesús y a los malhechores, uno a la derecha y otro a la izquierda. Y Jesús decía: Padre, perdónalos, porque no saben lo que hacen. Y echaron suertes, repartiéndose entre sí sus vestidos.
>
> —Lucas 23:33-34

Esta oración sólo puede ser hecha cuando estamos llenos con el Espíritu Santo. Esta oración es la medida con la cual todas las otras oraciones deben ser juzgadas. Es el aroma dulce donde Dios mismo se está manifestando en el fuego del sacrificio. La oración de este tipo viene a ser como el Espíritu. Se mueve como el viento para cambiar atmósferas, para afectar corazones y para cambiar los destinos de los hombres. Jesús se convirtió en la oración de Su Padre, en la misma esencia de Su amor, siendo derramado por toda la raza humana.

Estas oraciones que Jesús puso como modelo, son tan poderosas que cuando fueron declaradas, el cielo ya estaba cumpliendo esos deseos. Él dijo:

> En verdad, en verdad os digo: el que cree en mí, las obras que yo hago, él las hará también; y aun mayores que éstas hará, porque yo voy al Padre. Y todo lo que pidáis en mi nombre, lo haré, para que el Padre sea glorificado en el Hijo. Si me pedís algo en mi nombre, yo lo haré.
>
> —Juan 14:12-14

Aquí podemos ver la clave para convertirnos en la oración. Jesús sabía lo mucho que el Padre desea agradar a Sus hijos. Jesús, a través de Su obediencia hasta la muerte, se convirtió en la respuesta que Su Padre requería. Y así lo llenó de honor y de gloria. Esto hizo que todos los ángeles se postraran ante el Nombre de Jesús.

En los ojos, oídos y nariz del Padre, Él ve, oye y huele nuestras oraciones. Éstas se miden por la cantidad de Jesús con que hemos sido llenados. Déjame explicarlo de otra manera. Nuestras almas son como el altar del Antiguo Testamento donde los sumos sacerdotes traían los sacrificios. Los sacrificios son nuestros pensamientos, nuestros hábitos, nuestras imaginaciones, las imágenes mentales que hacemos, nuestros deseos y nuestros sueños. Cuando todos estos son traídos al altar de nuestra alma, y cuando son quemados, las fragancias, los sonidos y las visiones que emanan de ahí muestran la cantidad y la calidad de nuestro sacrificio. Esto puede revelar nuestro nivel de dar y de oración. Si el aroma es dulce y el fuego es consumidor, entonces, cualquier cosa que pidamos al Padre en el nombre de Jesús, será hecho. El Padre conoce a través de la fragancia de nuestras oraciones si acaso vienen de un vaso que ha sido lleno con la esencia de Su Hijo.

El Padre vio y escuchó la agonía de Su Hijo en Getsemaní. La imagen de la sangre que salía de los poros de Su cuerpo emitió un olor como ningún otro. Su olor era más que un cuerpo y un alma que estaban muriendo. Ese olor vino de una vida de rendición y victoria total.

La oración de Getsemaní fluyó del corazón de Su Padre, quien ya lo había coronado a Él por encima de todo lo que existe en los cielos y en la tierra. Estas fueron las oraciones que los discípulos aprendieron después de la muerte y resurrección de Jesús. Ellos las aprendieron en sus propios Getsemaníes, y Getsemaní va a ser el lugar donde cada uno de nosotros las tenemos que aprender. Cuando Jesús dijo, "Tomen su cruz y síganme," Él estaba hablando acerca de atravesar "el huerto" para recoger nuestra propia cruz.

Estas oraciones no son algo que enseñen en las escuelas bíblicas o que puedan ser aprendidas de otras teorías. Este tipo de oraciones viene del Espíritu de Dios a través de vasos que se han vaciado de ellos mismos y que no están preocupados de su preservación. Todos debemos evaluar nuestra vida, y debemos evaluar el punto en que nos encontramos en el desarrollo de nuestra vida de oración. Entonces, hay que decidir dónde nos gustaría estar y cómo poder llegar ahí. Esta evaluación honesta nos va a ayudar a que nos dirijamos a hacer decisiones de calidad con relación al tema más importante en nuestro caminar cristiano.

Yo puedo recordar no hace mucho tiempo, un día cuando nos sucedió algo extraordinario a mi esposa y a mí. Nos encontrábamos en nuestro cuarto de oración una mañana, muy temprano, lo cual es nuestra costumbre cuando nos encontramos en casa. Nuestro cuarto de oración es una de las habitaciones mas lindas de nuestra casa. De hecho, decidimos convertir la habitación del comedor en oficina para el ministerio, y de esta manera, podríamos dedicar una de las recámaras para que se convirtiera en nuestro cuarto de oración. Este ha sido unos de los lugares más preciosos en nuestro hogar.

Una mañana entré en este cuarto de oración, y me senté para adorar a la gloria de Dios que descendía. El peso de Su gloria era tan intenso que no nos podíamos mover. Estuvimos cautivos en este éxtasis cada mañana por un período de casi un mes. Durante estos días, hablábamos con Él y le preguntábamos diversas cosas, pero Él nunca respondió. Estábamos un poco preocupados porque, muy frecuentemente, sucede que durante nuestra adoración, el Señor revela verdades muy poderosas, transformadoras de vidas para nosotros. Así que, siendo humanos, nos estábamos preguntando si habíamos ofendido a nuestro dulce Espíritu Santo. Pero no parecía ser el caso, dado que Su presencia estaba tan fuerte en ese cuarto.

Finalmente, el Señor comenzó a revelarnos que Él no estaba ni enojado ni ofendido con nosotros. Pero, de hecho, Él había encontrado un lugar donde Él podía venir y sentir el AMOR y la PAZ que Él mismo en persona estaba trayendo. Él sólo quería venir y DESCANSAR. Estábamos anonadados y sin poder decir palabra alguna, y nos sentíamos tan honrados de haber podido proveer un lugar para que el Rey de gloria pudiera descansar Su cabeza. ¡Aleluya!

Es el deseo del Espíritu Santo que todos comencemos a entender el viaje que nos espera más allá de nosotros mismos. Yo creo que Jesús nos ha dado valiosas llaves para poder abrir las puertas que contienen estos misterios y mucho, mucho más.

Yo sé que el hecho de dar abre la puerta para que podamos entender cómo orar. Entonces, a través de Su gracia, nos podemos mover paso a paso para poder descubrir todo lo que está escondido. El proceso del desarrollo de la oración va en proporción directa a nuestro proceso de negar nuestro ego. No hay nada que sea más crítico para nosotros que el entender que lo que somos, y dónde estamos actualmente, es un resultado directo del amo a quien hemos estado sirviendo. Esto se expresa en cada aspecto de nuestra vida, pero más profundamente a través de nuestro dar y de nuestro orar.

Nuestra posición de madurez cristiana no depende solamente de Jesús o del Espíritu Santo, sino de las decisiones que tomamos. Hemos hecho decisiones y hemos pagado el precio para llegar al lugar donde nos encontramos actualmente. Ahora, debemos pagar el precio para poder abandonar el lugar donde estamos en el presente, para poder obtener el premio que ha sido puesto delante de nosotros.

El precio que debemos de pagar para obtener ese premio no es tan grande como la recompensa y tampoco es tan costoso como las alternativas. El hecho de escoger tus propios caminos, o las buenas ideas de este mundo, es mucho más costoso de lo que piensas, y no tiene ningún fruto eterno al final.

Todos debemos darnos cuenta que, en este viaje, no podemos escaparnos vivos de esta vida. Mucha gente vive su vida como si la muerte no fuera a existir al final de su existencia natural. Prefieren vivir en un mundo de fantasía, donde atraviesan esta vida en medio de una negación absoluta de la realidad. Sería mucho mejor ni siquiera pensar el tipo de final que una vida así va a tener, llena "con lo que ellos quieren creer". Sin embargo, el hecho de no pensar en esto, tampoco va a hacer que desaparezca.

Tampoco puedes hacerlo desaparecer por medio de llenar tu vida con riquezas materiales.

Existe un mundo espiritual que domina al mundo natural. Mientras más pronto estemos calificados para tener autoridad en ese reino, será lo mejor. Podemos convertirnos en co-dominadores juntamente con el Espíritu Santo en ese reino, o ser dominados por el diablo junto con nuestras mentes y corazones no reformados. La calificación se mide, al principio, por el nivel de nuestro dar y de nuestra oración. Entonces, nuestras habilidades están determinadas por las llaves que adquirimos y por las puertas a través de las cuales hemos podido entrar. Dios nunca va a forzar a un hombre a hacer algo que ese hombre no ha escogido.

Yo sé que hay más de tres niveles en todos los temas que Jesús discutió en Mateo 6. Yo he podido ver esto: el dar comienza a transformar la mente y el corazón. La oración intensifica esa obra, y además, comienza a reformar el alma. Para que nuestra alma pueda ser completamente transformada, la carne debe ser dominada por el espíritu.

A medida que avanzamos a través de las revelaciones de dar y de orar, comenzamos a darnos cuenta de que nuestra carne tiene que pasar este proceso de transformación a través del ayuno. Por lo tanto, nos es dada una llave adicional para nuestro entendimiento como resultado de nuestra vida de oración. Esa llave abre una puerta que, no sólo ha estado cerrada, sino que le ha sido muy difícil acercarse a ella, a la mayoría de los cristianos. Esa puerta es el ayuno.

Vamos a tomar la llave de la oración, y vamos a abrir la puerta del ayuno. Vamos a descubrir por qué existe esta secuencia en Mateo 6, y vamos a poder descubrir cómo nuestras vidas se pueden convertir en un arma mortal contra el enemigo a través de esta revelación.

3

Hambrientos por Ayunar

En los capítulos anteriores, yo desarrollé los niveles de dar, y entonces, hice lo mismo con la oración. Como lo dije antes, yo sé que hay muchos niveles tanto en dar como en orar. Es mi intención poder ilustrarlos para retar y motivar al Cuerpo de Cristo. No tengo deseo alguno de hacer de esto ni un dogma ni una religión. Estos diferentes niveles son meramente subjetivos, y vienen de mis experiencias personales y de las revelaciones que he recibido. Han enriquecido tremendamente mi vida, y por eso, quiero que tú los tengas.

La verdad es que, en nuestro hombre natural, nosotros nos encontramos muy limitados por nuestras experiencias y por nuestras capacidades mentales en cualquier parte de nuestro viaje por esta vida.

Una de las cosas más dulces de nuestro precioso Espíritu Santo es la forma como Él toma nuestro entendimiento tan limitado, justo en el punto donde nos encontramos, y comienza a revelar verdades que transforman la vida por medio de Su Palabra.

Estas verdades, aunque siempre han estado a nuestra disposición, iluminan nuestro entendimiento en el momento exacto que tiene que ver con nuestras más grandes necesidades. Entonces, de inmediato, somos lanzados a una dimensión llena de fe y de pasión. Esta es una maravillosa imagen acerca de cómo la Biblia es un libro espiritual y que nunca puede ser entendido por ningún otro que no sea un ser espiritual. Es entonces que el Espíritu Santo revela más de la verdad desde ese nuevo lugar. Este lugar es más accesible para Su Espíritu que el lugar vacío y sin iluminación donde se encontraban nuestras almas.

Todos nosotros sabemos Quién es la Persona de la Verdad. En Juan 14:6, Jesús declara, "Yo soy el Camino, la Verdad y la Vida." Esto es exactamente lo que sucede cada vez que nos es dada "una llave" para la siguiente puerta, y venimos a descubrir más del Camino, de la Verdad y de la Vida de nuestro Señor.

Habiendo dicho esto, vamos ahora a explorar la siguiente parte de Mateo 6:16-18:

> Y cuando ayunéis, no pongáis cara triste como hacen los hipócritas; porque ellos desfiguran sus rostros para

que los hombres vean que están ayunando. En verdad os digo que ya han recibido su recompensa. Pero tú, cuando ayunes, unge tu cabeza y lava tu rostro, para no hacer ver a los hombres que ayunas, sino a tu Padre que está en secreto; y tu Padre, que ve en lo secreto, te recompensará.

—Mateo 6:16-18

La mayoría de nosotros hemos intentado ayunar en alguna ocasión durante nuestra vida. Frecuentemente, éstas se han convertido en experiencias frustradas. Pasamos más tiempo pensando en la comida que cualquier otra cosa. Y aquello que tratamos de sacrificar acaba por convertirse en nuestra obsesión.

La iglesia se ha convertido en un grupo donde la mayoría de sus miembros sufren de obesidad y tienen mala salud como consecuencia de comer demasiado, o como consecuencia de comer los alimentos equivocados. De hecho, si algún grupo de gente debería estar ayunando, ese debería ser la iglesia.

Parece que la mayoría de los eventos que son patrocinados por las iglesias van de la mano con comidas, cenas y desayunos. Esto no es malo o erróneo de ninguna manera, pero manda señales muy claras, diciendo que la glotonería es un pecado menor con relación a los otros pecados.

Ayuno parece ser una de esas palabras que no se menciona frecuentemente en la iglesia para no ofender a toda la multitud de gente obesa. O si acaso se menciona, usualmente se habla con mucha ligereza, seguida con unas carcajadas nerviosas.

En los días de Jesús, los fariseos eran los campeones del ayuno, y hacían que todo el mundo lo conociera. De hecho, ellos daban, oraban y ayunaban mucho más que todo el promedio de los cristianos de hoy en día. Así que, obviamente, el hecho de dar, de orar y de ayunar no implica que nuestro comportamiento sea aceptable delante de Dios. Todo lo que los fariseos estaban haciendo como dar, orar y ayunar eran cosas ordenadas por Dios. El problema no consistía en lo que hacían, sino en los motivos falsos que habían en sus corazones.

Si los corazones de los cristianos de hoy en día no son cambiados, vamos a tener la misma estructura religiosa de la cual Jesús estaba hablando. De hecho, si miramos en forma objetiva, vamos a ver los mismos problemas en la iglesia como los que existían en la sociedad llamada "pagana". La iglesia ha perdido el poder para atraer al mundo porque ofrece muy poquito, si acaso ofrece algo, de los valores espirituales, y no a causa de lo que se dice, sino a causa de lo que se hace.

Así que, para poder atraer a la gente, algunas iglesias echan mano de los sistemas que usa el mundo, tales como el entretenimiento, las campañas publicitarias, el uso de "medio ambientes amigables", para no ofender a las visitas. Estos líderes de estas iglesias quieren ofrecer programas y medio ambientes para hacer que los perdidos o paganos se sientan aceptados. Esto suena atractivo en la superficie, pero como todo lo demás que viene del "sistema del mundo", es completamente falso.

Recuerda cuando Satanás le dijo a Jesús, "Te daré todos los reinos del mundo si postrado me adoras". Él le estaba ofreciendo no sólo las naciones, sino "todo el sistema de gobierno del mundo". Yo creo que podemos hacer la misma analogía hoy en día. Lo que él dice en estos días es: "Si tú me adoras a mí, debes seguir mi 'sistema de este mundo', y yo te daré a ti las multitudes." El reino de Dios no se trata sólo de reunir grandes cantidades de gente, sino de llevarlas a un verdadero encuentro con el Señor Jesús, el cual los va a transformar del pecado y de la carne, que es "el sistema del mundo", hacia el reino de Dios.

Unos de los dichos más famosos en el mundo es que "El fin justifica los medios". Esto está muy lejos de estar de acuerdo con Dios. Al Padre sí le importan mucho LOS MEDIOS. Y esto se debe a que el uso de lo mundano, el evitar la confrontación y los métodos no transformadores nunca pueden llevar a nadie a una vida justa y santa.

Yo pienso que todo pastor estaría de acuerdo en el hecho que si quieres atraer multitudes, debes invitar primeramente a Jesús como Rey y Señor, y debes permitirle sólo a Él que dirija todas las actividades. La transformación debe comenzar dentro de nuestras mentes y corazones con los planos que el Maestro ha diseñado.

Si no damos, no podemos esperar aprender cómo orar en forma efectiva. Todo esto es tan básico, tan elemental, y sin embargo, tan difícil para que la iglesia lo pueda captar.

La razón de que estamos hablando acerca de esto en nuestra sección del ayuno, se debe a que la mayoría de las iglesias se encuentran en una condición donde el ayuno podría cambiar toda su atmósfera dramáticamente. Los pastores no tienen que pasar días y noches completos aconsejando a sus ovejas. En lugar de esto, ellos tienen que pasar más tiempo con el Señor. Pero debido a que muchos líderes de iglesias nunca han podido ir más allá de dar y de orar, ellos probablemente no pueden entender el ayuno.

El ayuno va a poner a la carne bajo una total sujeción en las iglesias hoy en día. Pero existe una secuencia y un orden delante de Dios. Cuando Él mostró a Moisés el tabernáculo, Él lo hizo desde adentro hacia fuera. El diseño comenzó en "el lugar santísimo", luego siguió al "lugar santo", luego a los "atrios" y finalmente a los "atrios de afuera". De la misma manera, este es el método que Dios usa para cambiarnos a nosotros, y va desde adentro hacia fuera. Por lo tanto, una vez que nuestro corazón y nuestra mente han sido transformados, podemos comenzar con la carne de nuestros cuerpos. Esta es la razón por la cual el ayuno se encuentra en la secuencia en que está en Mateo 6.

Dado que estamos hablando acerca del ayuno en este capítulo, queremos entender que para poder ayunar, debemos haber entrado por la puerta correcta. ¿Recuerdas lo que Jesús dijo en Juan 10? Él estaba diciendo que todos aquellos que están tratando de reunir a las ovejas por cualquier otro medio que no sea "Él mismo", estos son ladrones y robadores. Él dijo más adelante en ese mismo capítulo, que Él es la puerta por la cual entran las ovejas.

Todos los programas y los sistemas que han sido diseñados por muchos otros medios diferentes de los caminos de Dios, son como la ilustración que acabamos de mencionar. Por consecuencia, van a crear problemas en lugar de crear soluciones. Si vamos a hacer un llamamiento para un ayuno de 40 días, y estamos pastoreando una iglesia en cuya membrecía menos del 10% están diezmando, ¿qué tantas probabilidades tenemos de que el ayuno va a tener éxito? Lo mismo sucede cuando tenemos reuniones de veladas de oración o cualquier otra cosa que requiera que nuestro corazón y nuestra mente deban de ser controlados por el Espíritu Santo.

Todos nosotros sabemos que Jesús dijo que debemos "amar a Dios con todo nuestro corazón" (Marcos 12:30).

> Y amarás al SEÑOR tu Dios con todo tu corazón, y con toda tu alma, y con toda tu mente, y con toda tu fuerza. "
>
> —Marcos 12:30

¿Cómo entonces vamos a poder amar a Dios con todo nuestro corazón, con toda nuestra alma y con todo nuestra mente, siendo que ni siquiera somos capaces de dar, o no oramos y mucho menos ayunamos? No tenemos idea del poder que se requiere para que ese pasaje pueda ser cumplido.

Este es el propósito de las revelaciones que el Espíritu Santo está derramando en la tierra en estos últimos días. Él sabe que la iglesia está en medio de un gran remolino. Él sabe que necesitamos desesperadamente una verdadera experiencia del "aposento alto". Y por lo tanto, Él nos está dando llaves para abrir revelaciones transformadoras de vidas y que estremecerán al mundo, al mismo tiempo que exponen, sacan a la luz y destruyen el sistema de este mundo.

Debes recordar que la revelación algunas veces requiere demostración para que pueda convertirse en impartición. En otras palabras, debemos usar nuestros cuerpos físicos para realizar un acto que está asociado con la revelación.

Por ejemplo, Noé construyó el arca, Abraham estuvo dispuesto a sacrificar su hijo, y Josué marchó hacia Jericó. Estos actos hicieron que la revelación se hiciera uno sólo con el espíritu de ellos, y pudieron abrir puertas para que la esfera espiritual y la esfera natural pudieran interactuar uno con el otro.

Por eso nuestro corazón y mente reformados requieren un cuerpo sometido físicamente. Nuestros actos físicos manifiestan la pasión que se genera en nuestra alma reformada por medio de ayunar.

Un cuerpo puede ser usado por Dios para que sea un canal entre la esfera natural y la esfera invisible. La dieta de Daniel y su estilo de vida con ayunos, contribuyeron a las revelaciones claras y poderosas que él experimentó. Lo mismo fue verdadero para Elías y Juan el Bautista. Nuestro ayuno da como resultado la impartición de revelaciones que vienen del precioso Espíritu Santo. Cuando hemos demostrado que le tenemos confianza y sumisión al Padre por medio de nuestro dar y orar, entonces, se nos permite tener acceso a un poder celestial que puede liberar a naciones enteras.

Jesús dijo en Mateo 17:14 y en Marcos 9:29, cuando estaba hablando acerca de un niño que tenía que ser liberado y que Sus discípulos no habían podido liberar, "Este género no sale sino con ayuno y oración."

Jesús estaba mostrando y declarando el orden en que el poder realiza "manifestaciones del reino". La oración, tal y como la hemos discutido, abre la puerta para el ayuno. Jesús siguió esta dinámica debido a que Él siguió el orden de Su Padre. Este modelo divino colocó a Jesús en lugares asombrosos de autoridad para una liberación mayor. Ese niño no fue liberado sólo porque Jesús habló, sino fue debido a la posición desde la cual habló Jesús.

Si podemos llegar a ver el diseño de Dios, podremos ver la debilidad de nuestro enemigo. El diseño que está mencionado por Jesús en Mateo 6 es nuestro mapa para poder llegar a la total transformación, y constituye las llaves para poder operar en la autoridad del reino.

La transformación es el ingrediente esencial que hemos estado perdiendo para poder vivir la vida en el Espíritu tal y como Pablo lo describe en Romanos 8. Este ingrediente nos va a llevar de regreso a la cruz, donde nuestros cuerpos deben quedar colgando. El ayuno hace que esto se convierta en una realidad. Si nuestros cuerpos están crucificados en la cruz, nuestra perspectiva y nuestras opiniones van a cambiar. La frase bíblica "El espíritu a la verdad está presto, pero la carne es débil," no se escuchará más cuando estés colgando de la cruz. Sólo desde esta posición se puede alcanzar el lugar del poder y la transformación.

Si la iglesia pudiera volver a encontrar ese mensaje otra vez, la necesidad de "poner programas" para atraer multitudes disminuiría. El ayuno es el arma más importante en las manos del cristiano. Hace que el infierno tiemble y los demonios huyan.

Si nuestra vida cristiana carece de poder y de satisfacción, esto se debe a que no nos hemos dado la oportunidad de ser expuestos a la esfera espiritual por medio de la cruz de Su majestad. Es para este tipo de gente que quiero decir lo siguiente. Dios lo ha dado todo para poder capacitarnos y que podamos descubrir las maravillas de Sus caminos. Él no va a tratar de entretenerte con trucos para que te diviertas o para alimentar tus actitudes "tibias". Si tienes oídos para oír y ojos para ver, Él va a transformar tu mediocridad en una vida que va mucho más allá de lo que tú o incluso Hollywood se puedan llegar a imaginar.

Yo alcancé un punto en mi vida cristiana donde tuve que hacer una decisión para encontrar a Dios o morir intentándolo. Yo ya estaba harto de toda clase de trucos de la Nueva Era y de la vida pseudo cristiana. Y digo pseudo porque contenía todas las palabras correctas, y todas las "formas" de una vida cristiana poderosa, pero sin contener nada de fruto duradero. Así que comencé a estudiar las Escrituras con ayuno y oración. Descubrí accidentalmente el diseño de Dios que está revelado en Mateo 6. Lo que a continuación te describo es cómo yo intenté ayunar al principio y lo que también demuestra la misericordia de nuestro Dios.

Mi experiencia con el ayuno comenzó hace varios años, aun antes de que yo comenzara a entender el proceso que se encuentra delineado en Mateo. Comencé a ayunar para poder eliminar toxinas de mi cuerpo. Yo había leído que era una cosa muy buena para el cuerpo el hecho de limpiarse de adentro hacia fuera. Así que tomé la decisión de comenzar un ayuno de tres días con líquidos. Mi experiencia probablemente fue muy normal. Yo me pasaba el tiempo viendo el reloj, y no podía creer que el día tenía 24 horas. Los tres días finalmente llegaron a su fin, y yo había podido realizar una medida de la desintoxicación que yo estaba buscando. Pero durante esos tres días, el Espíritu Santo comenzó a hablarme acerca de algunas cosas en mi vida. Él comenzó por decirme que yo era un esclavo de mi mente y de mi cuerpo, y que Él no me había creado para que yo viviera de esta manera. Él continuó describiéndome la forma en que Él transformaría mi proceso de pensamientos si yo me sometía a Él. Yo había estado orando la oración que se encuentra en Efesios 1:17-20 y que habla acerca de tener el espíritu de sabiduría y los ojos de mi entendimiento abiertos. Y por lo tanto, yo me sometí gozosamente.

A la mañana siguiente, Él me despertó con una determinación para ayunar como nunca lo había tenido antes. Yo pude creer que podía ayunar siete días. Yo no lo comencé ese día, pero hice planes para iniciarlo la semana siguiente. Aquellos de ustedes que han hecho planes para programar algo de Dios a fin de que comience en cierta fecha saben las tácticas que usa el enemigo. Todo lo que podía salir mal, salió mal. La maquinaria se descompuso, mi hijo se portó muy mal y me enfermé. Sin embargo, yo estaba determinado a mantener la cita que había hecho con el Espíritu Santo.

Mi mente estaba ocupada mandando todo tipo de mensajes de temor hacia mi cuerpo. Mi cuerpo estaba reaccionando por medio de estornudar, de toser y de quejarse. Pero me mantuve firme en mi decisión de romper las cadenas de esclavitud que había sobre mi vida, y comencé mi ayuno de siete días.

Al final del tercer día, mi cuerpo no sentía hambre. Para el cuarto día, me podía sentir vivo y fresco. Comencé a orar con una nueva energía y una nueva fe. Cuando llegó el quinto día, mi espíritu estaba recibiendo información del Espíritu Santo acerca de Escrituras que yo ya había leído durante años, pero que no había entendido.

A medida que pasaron los días, Su presencia creció hasta el punto en que comencé a llorar sin control alguno. Yo me encontraba en la presencia de Aquel que mi corazón había estado buscando. Yo había sentido Su presencia antes en un sinnúmero de ocasiones, pero esto era diferente. Era como que Él había decidido traer tal nivel de gloria hacia mi recámara que lo único que yo podía hacer era ver mi debilidad. La luz y la gloria eran tan sobrecogedoras que hubo momentos en que yo no podía ni pararme del suelo. Comencé a adorar y a expresar con mi corazón agradecido en todas las formas que pude. Yo no quería perder este sentir indescriptible.

Durante este tiempo, yo estaba siendo cambiado hacia algo que no conocía ni entendía. Mi deseo de agradar al Padre celestial aumentó mucho más allá de mi necesidad de ser bendecido. Yo siempre había querido agradarlo a Él, pero mis pensamientos y mis emociones habían contaminado esos esfuerzos. Yo no podía verlo en el absoluto esplendor de Su majestad. Las imágenes creadas por mi mente y por mi corazón habían pervertido Su santidad y Su gloria. De repente, pude ver la condición de mi alma y de mi cuerpo. Pude ver las cadenas del temor, del pecado y de la iniquidad en mi vida. Comencé a escuchar la voz del Espíritu Santo, dirigiéndome a través de la adoración en la forma como yo podía destruir esos principados y potestades. A medida que comencé a gritar y a danzar delante del Señor, los ángeles comenzaron a entrar en la habitación con unas espadas que yo nunca había visto antes. Ellos cortaron muchas de las cadenas. Algunas de las cosas que ellos hicieron yo no las entendía, y aun hasta este día, sigo sin entenderlas. Lo único que sé es que el nivel de éxtasis que yo estaba experimentando va mucho más allá de cualquier cosa que pueda ser descrita.

Por alguna increíble razón, el ayuno había roto una parte y creado un hueco de entrada en la barrera creada por mis pensamientos e imágenes equivocadas. Era como si yo pudiera ver por primera vez imágenes que venían del cielo, en lugar de verlas creadas por mi mente envenenada. Estas sensaciones sobrecogedoras que yo experimenté no pueden ser explicadas con palabras. Basta decir que las facetas multidimensionales de Su majestad me dejaron inerte e inútil para expresar cualquier cosa, excepto por ese llanto incontrolable y ese gozo profundo.

Mi vida fue alterada para siempre en ese instante. En Su misericordia, Él abrió la esfera espiritual para que yo la pudiera ver. Él comenzó a decirme que el ayuno es un arma que la iglesia ha evitado debido a las mentiras del enemigo. Él dijo que Él va a usar gente como yo para restaurar lo que ha sido robado.

Desde esa vez, he estado en varios ayunos bajo la dirección del Señor, y en algunas ocasiones, por más de 200 días de ayuno en un año. El primer ayuno de 40 días fue una marca en mi desarrollo cristiano. Fue durante ese tiempo que Él me reveló lo que estoy compartiendo ahora.

¿Recuerdas que anteriormente hablamos acerca de los fariseos que eran muy diligentes para ayunar? En Lucas 5:33-35, Jesús responde a los discípulos de Juan el Bautista, quienes querían saber por qué los discípulos de Jesús no ayunaban. La respuesta dada por Jesús es el alma y corazón del ayuno. Él dijo:

> Los discípulos de Juan ayunan con frecuencia y hacen oraciones; los de los fariseos también hacen lo mismo; pero los tuyos comen y beben. Entonces Jesús les dijo: ¿Acaso podéis hacer que los acompañantes del novio ayunen mientras el novio está con ellos? Pero vendrán días cuando el novio les será quitado, entonces ayunarán en aquellos días.
>
> —Lucas 5:33-35

Mientras más he ayunado, más he deseado que aparezca mi "Novio".

Las palabras "en aquellos días" no podían ser más proféticas para la iglesia. Estamos viviendo los días en que nuestras mismas acciones deben mostrar nuestra total dependencia en Aquel que es el Único a quien le pertenece nuestro corazón. Recuerdo una vez que yo estaba ayunando y que oí la voz del Espíritu Santo que me preguntaba qué tanto deseaba yo el regreso del único y verdadero Rey de reyes. Yo quedé anonadado, y le pregunté por qué me estaba haciendo esta pregunta. Él prosiguió a decirme que la mayoría de la iglesia hoy en día, estaba más interesada en el reino de ellos que en el reino de Él, y que si la iglesia clamara por Su regreso de la misma manera como los hijos de Israel clamaron por un libertador en Egipto, el cielo sí escucharía.

He tenido maravillosas experiencias en mis tiempos de ayuno con el Señor, hasta el punto que han cambiado mis maneras de pensar y de creer. Mi vida ya no me pertenece para seguir haciendo como a mí se me dé la gana. El más claro entendimiento que he tenido a través del ayuno es el hecho de poderme dar cuenta de lo que Jesús hizo por mí y que eso de ninguna forma, ni ahora ni nunca, puede serle pagado. Esta sola verdad me ha dado la determinación para poner mi vida por Él a cualquier precio.

Es mi deseo que todos ustedes, quienes desean entrar a esos lugares de intimidad con el Espíritu Santo a través del ayuno, encuentren ánimo y fe para comenzar su vida de ayuno por el regreso del Novio. Una vez que tomen la decisión de hacerlo y de comenzar, nunca se van a arrepentir. Una de las muchas cosas hermosas acerca del Espíritu Santo es que Él olvida las fallas que cometes durante este viaje y acentúa tus éxitos.

Nuestra mente es el enemigo de nuestro espíritu cuando el Espíritu Santo no está en control. No va a haber muchas otras cosas más difíciles en nuestra vida que lograr ayunar. Es precisamente por esto que el Espíritu Santo nos está dando estas llaves.

Recuerda, la primera llave es el nivel de dar. ¿Acaso ya te has convertido tú mismo en el regalo o don? Esto va a abrir el misterio de la oración. Cuando puedes llegar a convertirte en el incienso que está sobre el altar de Dios a través de tu vida de oración, entonces, te va a ser dada la siguiente llave.

Siempre debes recordar que este viaje que estamos llevando a cabo es progresivo. Cada paso requiere de tiempo más intenso con Él que el paso anterior. Esto es para asegurar que no hagamos nada en forma rutinaria, como para acostumbrarnos a ciertas respuestas del Espíritu Santo. El lugar secreto se llama "secreto" porque así es cada vez que buscamos entrar. Cada ayuno es diferente y requiere de un nuevo grado de sacrificio para destruir cualquier rutina preconcebida o cualquier resultado preconcebido.

Los lugares a donde el Espíritu Santo quiere llevar a cada uno de nosotros que esté dispuesto a someterse, requieren de una rendición total. Estos son lugares en el espíritu donde la verdad y el amor reinan en forma suprema, y la mente no tiene influencia alguna. Este es el lugar del cual el diablo tiene miedo que tú llegues, y es el lugar donde los ángeles están a tus órdenes. Tú fuiste hecho desde antes de la creación del mundo para tener esta posición en la esfera celestial.

Yo recuerdo una ocasión durante uno de mis ayunos que el Señor comenzó a revelarme cómo nuestras imágenes mentales han sido formadas. Él me enseñó que nuestros sentidos han sido envenenados por medio de comer equivocadamente, por medio de ver y de escuchar, alterando todo esto los químicos de nuestro cuerpo. Estos químicos de hecho trabajan para formar los pensamientos y las imágenes en nuestros cerebros. Una vez que estos pensamientos son dañados, las imágenes también son corrompidas. Si seguimos viendo las mismas imágenes corrompidas, una y otra vez, vamos a comenzar a creer que son verdaderas. Todo aquello que oigamos continuamente, es lo que vamos a creer, y todo aquello que veamos continuamente, va a ser hacia dónde nos vamos a mover y lo que vamos a imitar.

Nuestras mentes trabajan en formato de estéreo, así que, no sólo estamos viendo algo, sino que también estamos oyendo el dialogo del temor. Estas imágenes son las primeras influencias por las cuales hacemos decisiones en nuestra vida. Estas imágenes también producen sentimientos de comodidad o de dolor. Eventualmente, con el tiempo, nuestros sentidos y emociones son dañados a tal grado que vamos a necesitar más y más estímulo para siquiera ser capaces de sentir algo. Por eso somos una sociedad de glotones, y no sólo con relación a la comida, sino con relación a la violencia y todo tipo de formas de autogratificación.

El hombre siempre ha vivido ese viejo dicho, "Si se siente bien, hay que hacerlo." Comenzamos a confiar en todas las imágenes mentales y en todos los pensamientos equivocados, los cuales son creados por comer equivocadamente, por ver y por oír en forma equivocada. Mientras más nos involucramos en este tipo de comportamientos, se hace más fácil para nosotros pensar y creer en las mentiras del enemigo. Además, es más fácil que nosotros seamos controlados por el miedo y por el temor. También, se hace más difícil que nosotros podamos oír algo del Espíritu Santo.

El Señor me ha mostrado que el poner nuestro cuerpo bajo sumisión es un resultado de ayunar. Pero lo que el Espíritu Santo está buscando, después de todo, es poner nuestros pensamientos en orden. Tal y como dijo el apóstol Pablo:

> Porque las armas de nuestra contienda no son carnales, sino poderosas en Dios para la destrucción de fortalezas; destruyendo especulaciones y todo razonamiento altivo que se levanta contra el conocimiento de Dios, y poniendo todo pensamiento en cautiverio a la obediencia de Cristo,
>
> —2a. Corintios 10:4-5

El ayuno tiene muchas etapas de desarrollo, una de las cuales es el hecho de que nuestro ser sea consumido por los pensamientos de Dios. Para cambiar nuestros pensamientos, se requiere ver y oír conceptos diferentes. Una de las maneras en que se logra esto, es por medio de remover la fuente actual de estímulo, sustituyéndola por otra. Así que, el hecho de quitar nuestra fuente actual de alimentación es el comienzo para poder limpiar la mente de imágenes equivocadas. Esta es la forma como yo comencé, y creo que esto puede ser útil para cualquiera que considere el ayuno en forma seria.

Cuando comenzamos a hacer a un lado la comida a cambio de estar más tiempo con el Espíritu Santo, nuestras distracciones disminuyen. Esto no sucede de inmediato, sino como resultado de aprender a dar y a orar. Entonces, nuestro éxito viene más aprisa. Al reducirse las actividades de nuestros pensamientos, podemos observar cuidadosamente lo que está sucediendo dentro y alrededor de nosotros. A medida que esto sucede, comenzamos a observar un extraño fenómeno.

La mayoría de nuestros pensamientos están centrados en una de dos cosas únicamente. Normalmente, somos consumidos con alguna forma de autopreservación y seguridad personal. Estos temas casi siempre están conectados de una u otra manera con el dinero. Este es un pensamiento recurrente aunque se encuentra disfrazado de muchas maneras.

Por ejemplo, cuando nos sentimos animados para "sembrar" en el reino de Dios, el pensamiento que de inmediato precede nuestra acción de dar es "¿Qué es lo que voy a recibir a cambio?" Esto es obvio. Hablamos anteriormente acerca de este problema que existe en el cuerpo de Cristo. Pero lo que no es tan obvio es nuestra manera tan sutil de decir, "Nosotros no somos de este mundo," y por otro lado, lo único que edificamos es nuestro reino aquí en la tierra.

Por ejemplo, hace algunos años, nos estábamos moviendo de un milenio hacia el milenio siguiente. El cuerpo de Cristo estaba lleno de advertencias de desastres que tenían que ver con el infame virus llamado Y-2K que afectaría las computadoras en el año 2000. Yo me encontré a mí mismo siendo animado o siendo advertido por un gran grupo de ministros para que comprara oro y para que guardara comida en preparación para este desastre venidero. Esto venía de un grupo de gente que decían no tener ninguna atadura con este mundo o con el sistema de este mundo.

> Porque los que viven conforme a la carne, ponen la mente en las cosas de la carne, pero los que viven conforme al Espíritu, en las cosas del Espíritu. Porque la mente puesta en la carne es muerte, pero la mente puesta en el Espíritu es vida y paz; ya que la mente puesta en la carne es enemiga de Dios, porque no se sujeta a la ley de Dios, pues ni siquiera puede hacerlo, y los que están en la carne no pueden agradar a Dios.
>
> —Romanos 8:5-8

Esta es una de las mayores estrategias del enemigo. El enemigo sabe que en la carne y en la esfera de la mente, él es el maestro de las ilusiones. Y por lo tanto, él nos controla con temor y con dolor, los cuales llegan a apagar completamente nuestro espíritu. Estas imágenes de temor han sido reproducidas en nuestra mente por años. Esto ha producido gruesas cicatrices en nuestro corazón que lo protegen del dolor y del rechazo.

El corazón se convierte en piedra, y nuestra mente se llena con imágenes mentirosas, falta de confianza y desánimo. Así que, en el momento en que intentamos abandonar la esfera de la carne para movernos en el espíritu, nuestra mente se llena con distracciones. Si podemos ser distraídos a través de la ilusión de resolver nuestros propios problemas a través de nuestra mente no reformada y nuestro frío y duro corazón, el resultado será claro: dejaremos de ser una amenaza para el diablo, y nuestra influencia sobre su reino quedará neutralizada.

¿Acaso te puedes dar cuenta del ingenio de Jesús al desarrollar este diseño en Mateo 6? Él conoce la estructura del poder del enemigo, y por lo tanto, Él también sabe cómo desmantelarla y destruirla. Recuerda, si podemos ser capaces de ver el diseño de Dios, podremos ser capaces de ver las debilidades de nuestro enemigo. Esta es la razón por la cual vas a estar escuchando la palabra "reforma" en los labios de la novia de Cristo en estos futuros días.

Tal y como ya lo dije, el ayuno tiene varias etapas de desarrollo en cada uno de nosotros. El progreso de nuestro desarrollo es directamente proporcional a nuestros niveles de dar y de orar. Yo me encuentro asombrado continuamente de la forma como el Espíritu Santo me lleva más profundo hacia Su Espíritu por medio del ayuno, justo después de que yo he obedecido Sus instrucciones acerca de dar y acerca de orar.

El hecho de que damos a Dios, comienza a destruir el dominio que tiene nuestra alma sobre de nosotros a través del temor de perder algo, y de la avaricia, y de nuestra codicia por el poder. El propósito de esta batalla es nuestro corazón. Ahí es dónde se encuentra el temor y dónde edifica muros de protección contra el dolor de los errores pasados. Todos hemos sido programados a creer que si tenemos dinero, vamos a estar seguros, a salvo y libres de dolor. Y si no tenemos dinero, creemos en los pensamientos de desamparo y de temor que han sido creados por la sociedad y por "nuestros amigos".

Estas son las imágenes mentales que suben de un corazón y de una mente que no han sido transformados en la mente de Jesucristo. Estas estructuras comienzan a caer cuando nuestro corazón es reformado en la imagen de Aquel que nos compró y que pagó el precio por nosotros. Él pagó un precio que nosotros nunca hubiéramos podido pagar, comprando un futuro para nosotros que, ciertamente, no nos merecíamos. Por eso, Él está tan determinado a que nosotros veamos todo aquello que es nuestro a través de la cruz. Después, Jesús nos muestra cómo orar, lo cual otra vez tiene que ver con nuestra alma. El alma es el campo de batalla para todas nuestras emociones, imágenes mentales y decisiones. Nuestra mente es el frente de batalla, porque nos gusta la comodidad, y hemos sido enseñados que "Ver es creer." Pero sabemos que el hecho de creer en aquello que no podemos ver es el primer paso para poder ver el ámbito espiritual.

Esta es la razón de por qué la fe nunca se encuentra en nuestra mente. Nuestra mente requiere prueba en el ámbito natural antes de que pueda creer. La cosa más triste de este escenario es que la mayoría de las imágenes que ha aprendido nuestra mente fueron creadas de una mentira. El diablo ha estado creando imágenes falsas, las cuales están condicionadas por medio de los temores con los que él nos ha atormentado. Él quiere engañarnos para que creamos que lo que estamos viendo en nuestra mente es real.

Por esto necesitamos destruir esas estructuras ya establecidas a través de la oración. Esto cambia nuestra mente, enfocándola en imágenes celestiales que han sido destruidas a través de la duda y el temor. Esta batalla se lleva a cabo ferozmente dentro de nosotros, hasta que algo comience a cambiar. Este cambio empieza con nuestro encuentro con el hecho de dar, lo cual le abre paso a la luz, transformando nuestro corazón. Estos cambios sirven para eliminar algunos de los venenos producidos a través de años de acondicionamiento.

Jesús conoce el corazón y la mente de los hombres. Él sabe lo que tiene que hacerse para poder reformar al hombre a la imagen del Padre, la cual se perdió en el Jardín del Edén y debe ser reformada. Todos Sus métodos son perfectos.

Ahora, vamos a comenzar a entrar en el ayuno, que es el lugar donde el cuerpo realmente comienza a retorcerse. El cuerpo ha estado demandando y exigiendo hacer su voluntad por años. Ahora estás haciendo que el cuerpo esté sin sus placeres y sin sus comodidades. ¿Nada de comida? ¿Estás bromeando? Piensa bien en esto, porque toda la estructura del diablo para controlar nuestros pensamientos está siendo atacada.

Es muy importante notar que el proceso no es el mismo para cada persona. La única cosa que es constante es la importancia de desmantelar y destruir estas potestades y principados del enemigo. Jesús, que es nuestro Amo y Señor, diseñó este ataque de tres fases para destruir la obra del diablo en nuestras vidas.

El alma tiene que estar libre para que nosotros nos podamos convertir en la máxima arma en contra del diablo. Jesús dijo en Juan 14:30 que "El príncipe de este mundo viene, pero no tiene nada en Mí." Esta es la condición de una victoria total, de total autoridad y de una completa dependencia en el Rey de reyes. Esto es algo que tú y yo podemos lograr. El método es perfecto, y va a funcionar si es que estamos dispuestos a comenzar, justo donde nos encontramos.

Antes de que nos movamos a la siguiente parte de Mateo, me gustaría mostrar un ejemplo que está en las Escrituras con relación a estas tres llaves en operación. Vamos a ver en Hechos 10:30-32:

> Y Cornelio dijo: A esta misma hora, hace cuatro días, estaba yo orando en mi casa a la hora novena; y he aquí, un hombre con vestiduras resplandecientes, se puso delante de mí, y dijo: "Cornelio, tu oración ha sido oída, y tus obras de caridad han sido recordadas delante de Dios. "Envía, pues, a Jope, y haz llamar a Simón, que también se llama Pedro; él está hospedado en casa de Simón el curtidor, junto al mar."
>
> —Hechos 10:30-32

Esta es la historia de cómo un apóstol religioso encontró a un pagano espiritual, la forma como el corazón de Dios fue movido por la acción de dar, de orar y de ayunar, sin distinción de la raza de Cornelio. El poder de este hombre Cornelio fue demostrado en cada aspecto de su alma. Estas son las características que hacen que el cielo se abra para nosotros, de la misma forma que se abrió para él. Lo que es tan asombroso de este relato es la forma como vemos en operación el capítulo de Mateo 6, impartiendo el poder del Espíritu Santo. El alma de este hombre había sido transformada mucho tiempo antes de que Pedro pusiera las manos sobre él.

El hecho de dar y de orar de este hombre, lo habían llevado a una dimensión en la esfera espiritual, la cual fue preparada por medio de su ayuno. Esta es una ilustración tan maravillosa de cómo desmantelar y destruir todas las estructuras y las imágenes religiosas de nuestra mente y de nuestro corazón.

Yo creo que Cornelio facilitó la impartición del Espíritu Santo a los gentiles. Una cosa asombrosa del Espíritu Santo es el hecho de que Él responde a cualquiera que responda a Sus caminos y a Sus métodos.

Debemos recordar que uno de los objetivos del Padre celestial es destruir la maldad que se soltó en el Jardín del Edén. La imagen de Dios fue destruida, y la imagen del diablo ha sido impresa en nuestra alma. Por lo tanto, cuando Dios pueda encontrar a alguien que está dispuesto a dar bajo Su dirección, Él va a instruir al Espíritu Santo para que le enseñe a esa persona cómo orar. Esto es lo que sucedió con Cornelio.

Entonces, mientras Cornelio estaba ayunando, la Escritura dice que, cerca de la hora tercera, él tuvo una visión. El número tres a través de toda la Biblia habla de la divinidad de Dios, así como de totalidad. Yo creo que esta era una señal para este "pagano" en el sentido de que estaba siendo renovado totalmente, espíritu, alma y cuerpo, por medio de su obediencia y de la sed que tenía de Dios.

Esta ilustración me habla toneladas acerca de lo mucho que podemos confiarle a Dios Padre nuestra vida. No importa lo que cualquier persona o cualquier religión diga acerca de Jesús. Lo único que importa es que nuestro corazón y nuestra mente sean transformados para que podamos recibir en forma directa de la Fuente Misma. Pero la Fuente, que es el Espíritu Santo, no puede mandarnos imágenes mentales o sonidos a través de un receptor corrupto y que no ha sido reformado, como lo son nuestra mente y nuestro corazón. Por lo tanto, Él nos enseña cómo limpiar nuestro receptor, y entonces, Él comienza a educarnos para que podamos tener mayores responsabilidades en Su reino.

Cornelio no sólo era un oficial de muy alto rango en el ejército natural, sino que también fue promovido de inmediato en el reino de Dios. Su vida hizo que la multitud religiosa se sometiera al poder del Espíritu Santo. ¡Qué ejemplo tan asombroso del Nuevo Testamento con relación a la estructura de poder que contiene Mateo 6 y con relación a la fidelidad de nuestro Señor!

Para cerrar nuestro tema del ayuno, yo quiero compartir algunas revelaciones que me han sido expuestas en diferentes ocasiones que he ayunado. Una de éstas es el tremendo parecido que tienen el ayuno y la muerte. Yo nunca he estado cerca de morir a través del ayuno. Los ayunos de 40 días no son peligrosos para la vida, especialmente si consumimos abundantes líquidos. Pero cuando yo pienso acerca de Moisés, que ayunó 80 días seguidos sin agua y sin comida, yo puedo comenzar a ver lo insignificante de mis ayunos. También estoy convencido de que si verdaderamente nos queremos mover en la esfera del ámbito espiritual, el ayuno y la muerte interactúan el uno con el otro.

En la mente de Moisés, él ya se encontraba cara a cara con su Creador, y por lo tanto, ¿qué diferencia hacía para él si su corazón humano todavía estaba latiendo? El asunto de supervivencia sólo existía si él todavía estaba interesado en este planeta. Lo que él estaba presenciando iba mucho más allá de cualquier cosa que el ámbito natural podía ofrecer. El ayuno, o cualquier otra cosa que Moisés estaba experimentando, era resultado del proceso de transformación que se estaba llevando a cabo.

Trata de imaginar junto conmigo, si es que puedes. Moisés está parado dentro de la nube de Dios, donde el tiempo ya no existe, donde la luz de la gloria de Dios ha cambiado su propio ADN. De hecho, fue tan profundo que yo creo que esta fue la razón de por qué Satanás quisiera el cuerpo de Moisés. La transformación que él sufrió cambió algo en su configuración química, a tal grado que él podía haber vivido, yo creo, como aquellos que eran de la generación de Adán.

Este cuerpo contenía secretos que Dios había tenido que sepultar tiempo atrás por medio del diluvio para impedir que Satanás los pudiera obtener. Este conocimiento oculto en las manos del diablo lo hubieran podido poseer gentes tales como Hitler, Hussein y el futuro anticristo, y esto hubiera podido cambiar el destino de gentes y naciones.

Dios le mostró a Moisés todos los detalles del tabernáculo, en todo su esplendor y en todo su gran diseño original. Este diseño era mucho más que un tabernáculo. Era Dios Mismo revelando a Su siervo Su misma naturaleza.

¿Podías creer que nos podemos sumergir tanto en la gloria de Dios hasta el punto que todas nuestras necesidades puedan ser suplidas en forma sobrenatural?

Ya hemos hablado acerca del proceso de transformación que debe comenzar desde el corazón del hombre y debe proseguir hacia el exterior, para culminar en el cuerpo físico. Esto es, a final de cuentas, donde "el rapto" se va a llevar a cabo en lo que a mí concierne. Esto no es lo que dice la mayoría de los teólogos, pero es algo digno de considerar.

Mis ayunos han sido frecuentes, y han sido transformadores de mi vida, y sin embargo, no están ni cerca del nivel adonde el Señor nos está llamando. Yo creo que Él quiere que cada uno de nosotros caminemos con Él como lo hizo

Enoc y que nos convirtamos en amigos de Él, tal y como lo hizo Abraham. En unos de mis ayunos prolongados, me desperté en el espíritu, y pude ver ángeles que me traían comida. A la mañana siguiente, yo estaba tan fresco y tan lleno de fuerza que pude trabajar físicamente por varias horas ese día. Esta comida, a falta de una mejor descripción, se veía como luz líquida. El sabor era imposible de discernir, pero recuerdo haber tenido la sensación de estar totalmente satisfecho. Yo le pregunté al Espíritu Santo acerca de esta experiencia, y Él me recordó lo que Jesús enseñó a Sus discípulos cuando ellos regresaron a traerle comida en el poso en Samaria.

> Jesús les dijo: Mi comida es hacer la voluntad del que me envió y llevar a cabo su obra.
>
> —Juan 4:34

Mis ayunos me han llevado hasta las profundidades de mi condición humana, hasta tal grado que me he asustado, y al mismo tiempo, he sido fortalecido en mi determinación. He podido ver que mi vida en este planeta no tiene propósito alguno estando apartada del propósito del Espíritu Santo.

La más grande mentira que ha sido perpetuada en todos nosotros es el hecho de creer que podamos escapar vivos de esta vida, en términos de nuestra existencia natural. Tan loco como esto suena, esto sigue siendo la fuerza que impulsa a muchos para tener todas esas actitudes de cristianos tibios. Digo cristianos tibios, porque muchos dejan una puerta abierta por si acaso esta cosa del cristianismo no funciona. No lo hemos dejado todo tal vez porque todavía tenemos un ojo en el mundo y el otro ojo el la hipocresía de la iglesia. Por lo tanto, nos ponemos a pensar que si sólo tenemos una vida para vivir, entonces más vale que tratemos de obtener todo lo que este mundo tiene que ofrecer. Nuestro tiempo en este planeta se encuentra motivado por el hecho de tratar de saciar esta vida presente, y entonces, poder hacer algún tipo de confesión de Cristo Jesús en nuestra cama de muerte justo antes de morir.

El temor a la muerte se ha convertido en una de las más poderosas armas usadas por el enemigo. Sin embargo, si seguimos al Espíritu Santo en las profundidades del ayuno, por medio del método de nuestro Maestro, el enemigo va a ver que el temor a la muerte ya no nos tiene cautivos. El temor comienza a soltar sus garras de nuestra vida, y estamos listos para tener experiencias con el Espíritu Santo del tipo de las que hemos leído en la Biblia. Nuestra vida se va a convertir en un arma en las manos de Dios que nos hará temerarios en el ámbito espiritual.

Nuestras actitudes y las actitudes de todos aquellos que nos rodean van a cambiar. La vida que ahora estamos viviendo comienza a transformarse delante de nuestros ojos, ojos que han sido iluminados con la verdad de quiénes somos en Cristo Jesús. Este nivel de fe crea en nosotros una osadía para transformar todo el mundo moribundo alrededor nuestro.

La transformación de la cual les estoy hablando no viene a través de oír sermones predigeridos, ni por medio de diversos seminarios. Esto se va a llevar a cabo por medio de una persona reformada que irradia el amor de Cristo y el poder de la cruz en forma simultánea.

El temor, que acostumbraba hablarnos en forma constante, pierde toda su influencia sobre nuestras decisiones. Todas las preguntas que teníamos acerca de nuestra supervivencia, han quedado establecidas a través de nuestra disposición de morir a esta vida débil, temerosa y carente de efectividad. El ayuno ha removido el aguijón de la muerte, y ha sellado nuestra determinación de una vez y para siempre. Ahora ya estamos listos para esa vida de resurrección que sólo puede realizarse a partir de un alma que ha sido puesta en la muerte para que pueda ser transformada. La misma esencia de nuestra nueva vida en Cristo Jesús es Su cuerpo resucitado. Es este poder de resurrección que viene a sustituir a la vieja naturaleza pecaminosa. La resurrección no es el objetivo final de una vida cristiana, sino su verdadero comienzo y la fuente de dónde todo lo demás va a salir.

> Por tanto, hemos sido sepultados con El por medio del bautismo para muerte, a fin de que como Cristo resucitó de entre los muertos por la gloria del Padre, así también nosotros andemos en novedad de vida. Porque si hemos sido unidos a El en la semejanza de su muerte, ciertamente lo seremos también en la semejanza de su resurrección,
>
> —Romanos 6:4-5

Es debido a que tenemos Su resurrección en nosotros (si es que acaso hemos muerto al pecado) que la esfera de lo espiritual se abre ante nosotros con pensamientos e imágenes nuevas. Nuestro corazón está libre para amar y para experimentar lo que dice Efesios 3:18-19.

> Seáis capaces de comprender con todos los santos cuál es la anchura, la longitud, la altura y la profundidad, y de conocer el amor de Cristo que sobrepasa el conocimiento, para que seáis llenos hasta la medida de toda la plenitud de Dios.

Este versículo ahora sí va a tener significado, porque tienes un corazón y una mente que pueden recibir del Padre. Nos hemos movido hacia una relación acerca de la cual habíamos leído, pero no habíamos podido entender debido a nuestra condición pasada.

El alma ya no se encuentra dividida en múltiples pedazos, con una mente dividida o con sentimientos que suben y que bajan locamente. Ahora, somos un todo, y somos capaces de amar a Dios con todo nuestro corazón, con toda nuestra mente y con todo nuestra alma.

La pasión ha regresado, y estamos ardiendo por Aquel que cautivó nuestro corazón desde el principio. La vida que habíamos estado viviendo hasta ahora carece de sentido, a menos que Jesús la gobierne desde adentro y hasta fuera. Hemos encontrado el propósito para el cual hemos sido creados. Ahora, estamos en el amor, y somos capaces de expresar el verdadero amor. Ese amor tiene un nombre, y se llama Jesús, que es el Amante de nuestra alma. Ese amor ha sanado nuestro corazón quebrantado, y ha derramado el aceite del Espíritu Santo sobre nuestra alma que se encontraba dividida y hecha añicos.

En esta condición, ahora ya somos capaces de mirar las Escrituras en la Biblia y poder ver al Espíritu de Dios en ellas. Los diseños de Dios ya hacen perfecto sentido, y comenzamos a entender este llamado superior. Sus propósitos para nuestra vida comienzan a descubrirse de manera que nos preparan para obtener un lugar de autoridad en Su reino.

La reformación de nuestra alma es sólo el comienzo. El viaje que Dios tiene para todos nosotros va a llevar muchos más años de lo que nuestros cuerpos terrenales son capaces de sobrellevar. Yo creo que esto es la razón de por qué Dios puso el árbol de vida en el Jardín del Edén. Sus planes van mucho más allá de nuestra vida natural, y tal vez requieren de cientos de años para poder cumplirse.

Las puertas que hemos abierto a través de las llaves de los diseños de Dios, nos revelan cámaras de enorme poder y riqueza. Éstas no tienen nada que ver con las riquezas de este mundo, sino con las de la gloria de Dios. Este poder no se puede medir a través de los parámetros de este mundo, sino a través de la autoridad que Dios da sobre circunstancias y demonios.

Ahora, ya podemos ver por qué nuestra asociación con las cosas del sistema de este mundo no nos atrae, ni nos produce ningún deseo. Por eso hemos experimentado, y seguiremos experimentando más pruebas, a fin de asegurar que el proceso de reformación de nuestro corazón se lleve a cabo correctamente.

El siguiente capítulo sigue la secuencia de revelaciones que Jesús descubrió en Mateo 6. Nuestra condición espiritual va a depender de los niveles de nuestra obediencia. Jesús nos ha preparado y nos ha entrenado para que dominemos al enemigo por medio de la forma en que vivimos en este planeta. Las revelaciones a través de Sus palabras y acciones han sido diseñadas para que nosotros gobernemos con la autoridad de Su reino.

Existe una batalla en la cual cada iglesia, aun en forma desconocida, está participando.

Ya hablamos acerca de este falso dios anteriormente, pero ahora vamos a estudiar el espíritu de Mamón con mucho más detalle. La preparación que hemos tenido hasta ahora es para que podamos tener este encuentro. Por lo tanto, con el nivel de nuestro entendimiento actual y con la impartición de sabiduría del Espíritu Santo, vamos a exponer a este anticristo.

Las raíces de este espíritu están muy profundas dentro de cada uno de nosotros, y son muy sutiles. Todos hemos estado sujetos a este demonio, y todos hemos probado del vino de su fornicación hasta el punto de haber llegado a una total intoxicación. El proceso de desintoxicación va a requerir de las llaves que el Espíritu Santo nos ha dado. Ellas van a abrir las puertas que van a impartirnos las armas que fueron diseñadas para nuestra liberación. Esto va a comenzar otro éxodo que no se parece en nada al primero que leímos de Egipto.

Yo creo que los clamores del pueblo de Dios han llegado a Sus oídos una vez más a causa de las ataduras de Su pueblo. Somos esclavos en la peor forma, debido a que creemos que somos libres. Pero estamos a punto de descubrir al que nos ha capturado, y vamos a descubrir lo que necesitamos para ser libres.

4

La Llave Maestra

Antes de que podamos entender el propósito de este capítulo, necesitamos estar seguros que hemos usado las llaves que el Espíritu Santo nos ha provisto. Todas las llaves hasta este punto en nuestro estudio, han tenido el objetivo de exponer a la luz la condición de nuestra alma. Hemos sido condicionados para creer que ciertas cosas pueden ser ciertas o no. Cuando yo digo condicionados, me estoy refiriendo al hecho de que todo lo que escuchamos una y otra vez, vamos a acabar creyéndolo. Es por medio de este tipo de estructura que la mayoría de nosotros hemos sido entrenados para hacer nuestras decisiones en la vida. Éstas son hechas sin considerar ni importar que lo que estemos escuchando sea la verdad o no.

Por lo tanto, la verdad es lo que tiene que ser usado para poder identificar todas nuestras falsas creencias. Jesús dijo:

> Entonces Jesús decía a los judíos que habían creído en El: Si vosotros permanecéis en mi palabra, verdaderamente sois mis discípulos; y CONOCERÉIS la verdad, y la verdad os hará libres.
>
> —Juan 8:31-32

Jesús es la verdad y la vida, tal y como nos lo dice en Juan 14:6, lo cual significa que la vida no puede vivirse en la verdad sin Aquel que es la Verdad, viviendo a través de nosotros.

Si usamos las Escrituras anteriores como nuestro fundamento para determinar la verdad, entonces vamos a ser capaces de hacer buenas decisiones con relación a lo que debiéramos creer, basándonos en la Palabra de Dios. Entonces, paso por paso, usamos las llaves de dar, de orar y de ayunar para abrir las diferentes regiones de nuestra mente y de nuestro corazón.

Debemos reconocer que estamos descubriendo años de pensar en forma equivocada, lo cual ha creado capas y capas de falsas creencias. Ahora, con la ayuda del Espíritu Santo, podremos continuar el viaje que consiste en sacar todas las raíces que tienen que ver con la errónea forma de pensar de nuestro corazón, y podremos movernos "de gloria en gloria".

Estas falsas estructuras existen dentro de nuestra alma. Están escondidas en los pensamientos de nuestra mente, en nuestro corazón y en nuestras emociones. Estas creencias son ídolos o "dioses falsos" que pueden ser identificados fácilmente como pensamientos que representan nuestras dependencias y que son el foco de nuestra atención. Estos "dioses" son la esencia de nuestra seguridad y de nuestra confianza. Estos "dioses" se presentan en la forma de dinero, poder y posición. Los detalles o cualidades que se pueden observar de estos dioses los podemos encontrar en automóviles, en casas, en placeres materiales, en diversiones extravagantes o diferentes tipos de escapes. Todos somos prisioneros y esclavos de nuestras falsas confianzas y de nuestras falsas seguridades.

Las llaves que hemos recibido nos han sido dadas para revelarnos los niveles de cautividad que existen dentro de nuestra alma. Cada llave fue diseñada para abrir nuestras puertas personales, donde estamos siendo controlados por principados y potestades de falsas creencias en la mente y en el corazón. A medida que vamos descubriendo estos impedimentos, nuestras armas de dar, de orar y de ayunar comienzan a sacar las raíces, a tirar y a destruir todas esas estructuras internas. Estas puertas son compartimentos que se encuentran dentro de nuestra alma y que contienen un diseño sistemático que viene de las regiones de las tinieblas, con el fin de que hagamos y tomemos malas decisiones.

Y digo sistemático, porque el enemigo nos ha entrenado a través de muchas tácticas de temores y miedos. Por ejemplo, recuerdo que yo tomaba mis decisiones en la escuela con relación a una carrera basado en cuánto dinero iba yo a hacer, con relación a una carrera, después de haberme graduado. Yo estaba motivado, en primer lugar, por el temor de no ser capaz de poder proveerme a mí mismo con suficiente dinero. Desafortunadamente, esta es la motivación de muchos cristianos hoy en día. La motivación o el motivo no es agradar al Padre, sino satisfacer el temor de no tener suficiente dinero.

Esta es la teoría sistemática de la cual estoy hablando y que pervierte la verdad de Jesús con las mentiras del sistema de este mundo. Cuando somos hechos conscientes de esta errónea manera de pensar y de creer, entonces tomamos la determinación de ser libres de estas prisiones. Sin embargo, si usamos el reino de este mundo como nuestra medidor con que discernimos lo correcto de lo falso, estaremos creando más obscuridad y más tinieblas dentro de nuestra mente. El apóstol Santiago escribe,

> ¡Oh almas adúlteras! ¿No sabéis que la amistad del mundo es enemistad hacia Dios? Por tanto, el que quiere ser amigo del mundo, se constituye enemigo de Dios.
>
> —Santiago 4:4

La obscuridad y las tinieblas son el resultado de no tener la luz del glorioso Evangelio, y esto se aplica tanto para los no creyentes como para los cristianos que están llenos de incredulidad.

> En los cuales el dios de este mundo ha cegado el entendimiento de los incrédulos, para que no vean el resplandor del evangelio de la gloria de Cristo, que es la imagen de Dios.
>
> —2a. Corintios 4:4

Nuestra alma está compuesta por la mente, el corazón, las emociones y la voluntad. Este diseño hace que nuestra alma sea muy compleja, y viene a ser el lugar donde se marcan las líneas de batalla entre el hombre, Satanás y Dios. Esta es la región en el hombre que ha sido dominada por Satanás, comenzando desde nuestro nacimiento. También es el lugar donde tenemos que ejercitar nuestra decisión con relación a cuáles voces son las que vamos a decidir creer. Si le damos lugar a cualquier otra voz que no sea el Espíritu de Dios, nuestra alma va a acabar fragmentada y caótica. Es esta fragmentación la que requiere cirugía mayor por medio del Espíritu Santo. Esta cirugía espiritual se lleva a cabo de muchas maneras. Una de las formas en que se puede realizar es a través de los diseños que estamos descubriendo en este libro.

"Nuestro Amado" nos ha dado llaves para llevarnos paso a paso, batalla tras batalla, para derrotar al destructor de nuestra alma. Cada llave ha sido diseñada para abrir las puertas de nuestra mente, de nuestro corazón y de nuestras emociones cautivas, y para impartirnos la plenitud de conocer a nuestro precioso Salvador. El hombre se encuentra "tan cautivo y prisionero" a través de generaciones y generaciones de iniquidad y de pecado, hasta tal punto, que su alma, siendo tan compleja, ha sido dañada tremendamente. Esto requiere de un Padre, lleno de amor, que "repare" el daño. Este proceso puede ser doloroso y muy atemorizador, si es que no dependemos solamente del Espíritu Santo para recibir dirección.

Este es el dilema que se encuentra dentro de todos nosotros. Hemos sido enseñados que una vez que recitamos "la oración del pecador", algo cambia dramáticamente dentro de nuestra alma, lo cual nos permite ser controlados por el Espíritu Santo. La mayoría de las iglesias cristianas enfocan su atención en la Escritura que se encuentra en Romanos 10:9-10 como la base para recibir a los perdidos dentro del reino de Dios. Sin embargo, si observamos el orden clave en las palabras de este versículo, vamos a descubrir algo que ha causado mucha consternación en la iglesia con relación a sus nuevos convertidos. "... Crees en tu corazón... porque con el corazón se cree para justicia, y con la boca se confiesa para salvación."

La condición de nuestro corazón es tal que el hecho de creer en algo transformador de vida, como el Evangelio, no va a pasar desapercibido por aquel que ha estado dominando nuestro corazón y que se llama Satanás. La verdad es que la mayoría de nosotros comenzamos nuestro viaje en condiciones similares. Pero si la semilla de la salvación realmente echó raíces y creció, entonces, nuestra vida será diferente de cuando nos convertimos. La simple palabra "arrepentimiento" que muy frecuentemente es olvidada en "la oración del pecador", separa a aquellos que mueren para esta vida y que comienzan su viaje como "nuevas criaturas" (2a. Corintios 5:17). El alma es donde nuestras luchas comienzan y terminan. El propósito de nuestra vida no es necesariamente sobrevivir.

Déjenme explicarles esta definición. Si yo vengo a la cruz de Cristo con ideas preconcebidas acerca de cómo ser "un discípulo", entonces, esto quiere decir que yo no lo he dejado todo a fin de seguirlo. Si yo no vengo a la cruz con el completo convencimiento de que mi vida ya no me pertenece, entonces, tal y como las Escrituras lo dicen, yo no puedo llamarme Su discípulo. (Lucas 14:26)

El propósito de nuestra vida es exactamente lo que Jesús dijo que era el propósito de Su vida en Juan 10:17, cuando Él dijo,

> Por eso el Padre me ama, porque doy mi vida, para tomarla de nuevo.

El principio de perder tu vida para que tú puedas ganarla otra vez, también está presentado dramáticamente en Mateo 10:38.

> Y el que no toma su cruz y sigue en pos de mí, no es digno de mí.

Jesús conocía el propósito de Su vida, y Él no podía ser corrompido en Su alma a través de las motivaciones de la supervivencia o de la promoción del ego. El alma del hombre es donde el enemigo se enfoca para destruir nuestra relación con el Padre. Esto comenzó desde el Jardín del Edén, y no ha cambiado hoy en día.

Cuando Jesús fue al huerto de Getsemaní, Él hizo muchas cosas. Una de ellas consistió en que Él le mostró a Satanás que ese huerto iba a ser el lugar de obediencia y no de desobediencia. Dos, Jesús estaba marcando el camino para que el alma de todo ser humano pudiera entrar a su propio huerto, para luego ir a la cruz, y entonces, pasar a una completa libertad.

El huerto de Getsemaní para cada uno de nosotros debe ser esa noche cuando luchamos con nuestra alma para renunciar a este mundo y a todo lo que este mundo tiene que ofrecer. Este método sigue siendo la única manera y la única puerta para todas las generaciones venideras. No hay poder en el infierno que pueda detener al hombre que está dispuesto a poner su vida por la causa del único, verdadero Amo y Señor.

Cuando verdaderamente entendemos la debilidad en nuestra alma, entonces comenzamos el proceso diseñado por el Espíritu Santo para volvernos al Padre.

Nuestras debilidades son conocidas por el enemigo, debido a que Lucifer perdió su posición en el cielo por las mismas razones que el hombre perdió la suya en la tierra. Estoy hablando de que nuestra alma es impregnada con la misma iniquidad que se encontró en Satanás. Esta iniquidad produce almas, cuyos pensamientos son concebidos sólo con el propósito de la exaltación y de la supervivencia de uno mismo.

La sabiduría de Dios es tan transformadora que cuando somos introducidos a este conocimiento por medio del Espíritu Santo, nuestra mente, nuestro corazón y nuestras emociones pueden ser renovados. Esto sólo puede suceder cuando nos hemos despojado del deseo insaciable de nuestra alma de controlar y de sobrevivir.

La sabiduría de Dios es inconcebible para un alma que está cargada con generaciones de iniquidad y de pecado. El Señor sabía esto con relación a nuestra condición, y desarrolló estrategias para sacarnos de la cautividad.

Estas llaves que estamos recibiendo fueron diseñadas para liberar nuestra alma de sus diferentes niveles de encarcelamiento. La llave de dar nos saca de las garras de nuestro pensamiento con relación al temor de perderlo todo. La llave de orar abre las puertas de nuestro corazón para que podamos recibir directamente del Espíritu Santo. La llave de ayunar es el arma que controla al cuerpo y que destruye el deseo que tiene nuestra alma de sobrevivir "a cualquier costo".

En este capítulo va a suceder algo dramático. Hasta este punto, el precioso Espíritu Santo nos ha estado dando llaves para abrir las puertas de nuestra alma. Pero ahora, nosotros mismos nos vamos a convertir en la "Llave Maestra" en contra de nuestro enemigo número uno, que es EL ESPÍRITU DE MAMÓN.

Nosotros vamos a ser la llave en las manos del Espíritu Santo para abrir las puertas de nuestra alma y dejar de servir a todos esos dioses falsos. El enemigo ya no va a consumir nuestros pensamientos, ya no va a atar nuestras emociones, y ya no va a crear en nosotros un corazón dividido. Ya hemos visto que Dios pide de nosotros que lo sigamos con un corazón que no esté dividido, pero al mismo tiempo, Él nos capacita para poder hacerlo.

> Enséñame, oh Señor, tu camino; andaré en tu verdad; unifica mi corazón para que tema tu nombre.
>
> —Salmo 86:11

El hecho de convertirnos en la llave maestra es algo que es digno de ser investigado y entendido. Déjame compartir contigo lo que he recibido del Espíritu Santo.

Hace años, me di cuenta de lo fácil que era para mí ser un cautivo de mis emociones. Yo solía comenzar muchos de mis días, lleno de esperanza y fe en el sentido de mantener mi enfoque continuamente en el Señor. Yo me levantaba muy temprano por la mañana, a fin de pasar tiempo en oración y en adoración, y poder tener un encuentro con la asombrosa presencia de Dios. Pero entonces, sonaba el teléfono, y eso interrumpía de inmediato la presencia de Dios, trayendo a cambio el sonido de enojo y de hostilidad de alguna persona. Mi objetivo de estar pensando continuamente en el Señor se hacía pedazos, y mis emociones se llenaban con dolor y con ansiedad.

La montaña rusa que son nuestras emociones nos llevan desde las alturas del éxtasis a las profundidades de la depresión en sólo cuestión de segundos. Tal vez esto también te ha sucedido. A medida que yo me preguntaba acerca de este remolino de confusión en mi alma, el precioso Espíritu Santo me comenzó a revelar algunas verdades que creo que nos pueden ayudar a vencer esta situación en nuestra vida.

Los componentes de nuestra alma se encuentran tejidos en forma tan intrínseca entre nuestros pensamientos, nuestro corazón y nuestras emociones, de tal forma que cuando afectamos alguna de estas partes, hemos afectado todas. Por ejemplo, cuando mis emociones son afligidas a través del enojo de alguien, mi mente dispara una emoción en la forma de una imagen, la cual es enviada a mi corazón.

Estas imágenes son formadas por medio de sensaciones que toman forma en la manera en que yo percibo a esa persona o ese suceso. En otras palabras, cuando me salgo de la presencia de Dios (quien es el único Juez verdadero), y me meto a mi alma no transformada para procesar lo que mis sentidos estuvieron recibiendo, entonces, se sueltan todo tipo de pensamientos impíos. Estas imágenes contienen algunas verdades y algo de información acerca de lo que yo estaba recibiendo. Pero de ninguna manera yo estaba recibiendo la verdad completa. Yo sólo estaba haciendo evaluaciones y juicios, partiendo de un alma que está llena de imágenes corruptas. Todos hemos sido entrenados para confiar en aquello que estamos sintiendo como si fuera la verdad, a fin de proteger nuestra propia imagen. Esta es la esencia de nuestro problema.

El propósito de convertirse en la llave maestra implica que ya no estamos atados a las imágenes mentales que nos hacemos. Estas imágenes de nosotros mismos que continuamente protegemos, promovemos y cultivamos dejan de ser algo importante o algo real. La única imagen que debemos tener es la que Cristo Jesús nos imparte de Sí Mismo.

Ninguna otra parte lo establece tan claramente como Pablo lo hace en Colosenses 3:1-11.

> Si habéis, pues, resucitado con Cristo, buscad las cosas de arriba, donde está Cristo sentado a la diestra de Dios. Poned la mira en las cosas de arriba, no en las de la tierra. Porque habéis muerto, y vuestra vida está escondida con Cristo en Dios. Cuando Cristo, nuestra vida, sea manifestado, entonces vosotros también seréis manifestados con El en gloria. Por tanto, considerad los miembros de vuestro cuerpo terrenal como muertos a la fornicación, la impureza, las pasiones, los malos deseos, y la avaricia, que es idolatría. Pues la ira de Dios vendrá sobre los hijos de desobediencia por causa de estas cosas, en las cuales

vosotros también anduvisteis en otro tiempo cuando vivíais en ellas. Pero ahora, desechad también vosotros todas estas cosas: ira, enojo, malicia, maledicencia, lenguaje soez de vuestra boca. No mintáis los unos a los otros, puesto que habéis desechado al hombre viejo con sus malos hábitos, y os habéis vestido del hombre nuevo, el cual se va renovando hacia un verdadero conocimiento, conforme a la imagen de aquel que lo creó; una renovación en la cual no hay distinción entre griego y judío, circunciso e incircunciso, bárbaro, escita, esclavo o libre, sino que Cristo es todo, y en todos.

La llave maestra cierra la puerta de las imágenes erróneas y abre la puerta de LA VERDADERA IMAGEN. Es la imagen que nosotros, quienes hemos sido comprados al precio de Su Sangre, debemos llevar. Jesús, que llevó la imagen de Su Padre, requiere que nosotros llevemos la de Él.

Recuerda que en Apocalipsis 3:7 Jesús, quien tiene la Llave de David, es el único que puede cerrar las puertas que ningún hombre puede abrir, y es el único que puede abrir las puertas que ningún hombre puede cerrar. David se convirtió en la llave maestra, y ésta es la llave de la cual estamos hablando.

Yo creo que cada generación debe caminar con la autoridad de David en esta tierra. El tiempo o el espacio no me permite elaborar más en la vida de David. Pero basta decir que David es el símbolo de la Autoridad

Mesiánica y de la verdadera prosperidad para los últimos tiempos. Si estudias el origen de la "Llave de David", vas a poder ver que se origina en Isaías 22:22, cuando Eliaquim fue promovido para ser tesorero y primer ministro, a fin de proteger los planes de Dios durante la eventual cautividad en Babilonia.

Si nosotros nos convertimos en la llave maestra, aunque estemos en cautividad dentro de Babilonia, vamos a ser capaces de ser usados para liberarnos a nosotros mismos y a todos aquellos que nos han sido confiados en el reino de Dios. ¡Todo lo que yo puedo decir es aleluya!

Vamos a regresar ahora a Mateo 6, y vamos a comenzar otra vez con el versículo 19. Vamos a entender esta revelación desde la perspectiva del Padre, quien quiere que seamos libres de las ataduras de nuestra alma no regenerada.

> No os acumuléis tesoros en la tierra, donde la polilla y la herrumbre destruyen, y donde ladrones penetran y roban; sino acumulaos tesoros en el cielo, donde ni la polilla ni la herrumbre destruyen, y donde ladrones no penetran ni roban; porque donde esté tu tesoro, allí estará también tu corazón.
>
> —Mateo 6:19-21

La palabra usada aquí para representar tesoros toma un significado diferente cuando nuestras riquezas están ahora en la forma de Jesús. Ahora nuestro pensamiento está siendo transformado y nuestros valores se encuentran bajo una reconstrucción mayor.

Cuando Jesús estaba confrontando al joven rico, Él dijo algo que nos puede dar luz en Mateo 19:21.

> El joven le dijo: Todo esto lo he guardado; ¿qué me falta todavía? Jesús le dijo: Si quieres ser perfecto, ve y vende lo que posees y da a los pobres, y tendrás tesoro en los cielos; y ven, sígueme. Pero al oír el joven estas palabras, se fue triste, porque era dueño de muchos bienes.
>
> —Mateo 19:20-21

Aquí los principios que hemos estado estableciendo se muestran en forma muy clara para este hombre rico.

En esencia, Jesús está diciendo, "Si quieres la verdadera riqueza, tienes que dar todo lo que posees, y tienes que seguirme. O debes estar dispuesto a morir a todo aquello que piensas que es de valor y en lo cual "sostienes tu vida", y tienes que seguir las instrucciones de Mi reino."

El tesoro al que se refiere Jesús es "la perla de gran precio" mencionada en los Evangelios. Este entendimiento va mucho más allá de nuestra manera de evaluar las verdaderas riquezas, hasta el punto en que Jesús tiene que hacer una ilustración muy fuerte a Sus discípulos:

> Y Jesús dijo a sus discípulos: En verdad os digo que es difícil que un rico entre en el reino de los cielos. Y otra vez os digo que es más fácil que un camello pase por el ojo de una aguja, que el que un rico entre

> en el reino de Dios. Al oír esto, los discípulos estaban llenos de asombro, y decían: Entonces, ¿quién podrá salvarse? Pero Jesús, mirándolos, les dijo: Para los hombres eso es imposible, pero para Dios todo es posible.
>
> —Mateo 19:23-26

Jesús les dice a Sus discípulos lo difícil que es para un rico poder salvarse. Es obvio, debido a la respuesta de los discípulos, que ellos también pensaban que la justicia y las riquezas eran sinónimas. Pero el punto interesante que Jesús está haciendo consiste en que, con Dios, el espíritu de este mundo puede ser derrotado por completo. Debes notar que Él dice, "Con Dios, todas las cosas son posibles." Nuestra confianza en Dios es muy superficial por muchas razones, pero la principal de ellas se debe a que Mamón ha pervertido todo aquello que en verdad es valioso. Jesús también declaró,

> … Lo que entre los hombres es de alta estima, abominable es delante de Dios.
>
> —Lucas 16:15

La esencia de lo que Jesús está enseñando no puede ser entendida sin que haya una búsqueda profunda dentro de nuestra alma. Nuestra alma puede ser disectada a fin de descubrir la conformación del corazón, de la mente y de las emociones. Si podemos encontrar dónde son formadas nuestras ideas y nuestras convicciones, entonces, tal vez podemos ser testigos de una transformación dentro de nuestro mismo ser.

Transformando Nuestros Pensamientos

El Alma Humana

Vamos a ver con más detalle los pensamientos y el efecto que ellos tienen en nuestra alma. El propósito de esto es hacernos conscientes de cómo opera nuestra alma. El alma humana está compuesta principalmente de tres partes, las cuales son el corazón, la mente y las emociones.

Jesús hizo una declaración en Marcos 12:29-30 que nos va a ayudar para que veamos claramente el propósito de nuestro estudio del alma. Él dijo,

> ... El Señor uno es; y amarás al Señor tu Dios con todo tu corazón, y con toda tu alma, y con toda tu mente, y con toda tu fuerza.

La Escritura en Génesis 1:26-27, dice, "Hagamos al hombre a Nuestra imagen y a Nuestra semejanza." Sabemos por nuestro previo análisis que el hombre perdió esa imagen por causa de su desobediencia. Esto ha dado como resultado que la condición presente de nuestra alma esté fragmentada y dividida.

Yo creo que nuestra alma en el momento de la creación estaba completa: corazón, mente y emociones. Pero esa no es la condición en que se encuentra actualmente y Jesús lo sabía. En esencia, Él estaba diciendo en el libro de Marcos que, tal y como Él, el Padre y el Espíritu Santo son uno, entonces, nuestro espíritu, alma y cuerpo también deben ser uno.

Cuántas veces he sabido en mi corazón que debo leer mi Biblia y que debo orar, pero la fatiga de mi mente me convenció que no lo hiciera. O cuántas veces hice un horario, a fin de dedicarme muy temprano por las mañanas a tener devocionales y a adorar, y al final fui impedido a hacerlo por causa de un cuerpo, cuyo deseo era permanecer en la cama y dormir. Por eso estoy convencido de que Mateo 6 es uno de los diseños que el Espíritu Santo está usando para reconstruir nuestra alma a la imagen en que fue creada originalmente.

La Mente

La mente es mucho más que el cerebro del ser humano. El cerebro es un componente muy importante de la mente, pero decir que el cerebro es la mente equivale a decir que el iceberg que está flotando en la superficie del océano es la imagen total del mismo. Podemos observar muchos de los resultados de nuestra maquinaria llamado el cerebro, pero no podemos ver nuestra mente. El cerebro es capaz de funciones, tales como razonar, aprender y memorizar. Tenemos la habilidad para inventar, para crear, para almacenar información y para entender conceptos. También podemos soñar despiertos, imaginar todo tipo de cosas, así como procesar y recibir información.

Una analogía que puede ser útil para visualizar el cerebro sería el hecho de imaginar la computadora más sofisticada. Los científicos nos dicen que el ser humano usa solamente un pequeño porcentaje de su capacidad. Es muy fácil entender porque las culturas occidentales creen que dentro del cerebro del ser humano se encuentra toda la sabiduría necesaria para alcanzar la inmortalidad.

Podemos observar muchas de las funciones milagrosas del cerebro, pero la Biblia habla acerca de la necesidad que tenemos de transformar nuestra mente. Por lo tanto, yo creo que es muy importante entender la mente, tal y como es descrita por las Escrituras.

> ¿Dónde está el sabio? ¿Dónde el escriba? ¿Dónde el polemista de este siglo? ¿No ha hecho Dios que la sabiduría de este mundo sea necedad? Porque ya que en la sabiduría de Dios el mundo no conoció a Dios por medio de su propia sabiduría, agradó a Dios, mediante la necedad de la predicación, salvar a los que creen. Porque en verdad los judíos piden señales y los griegos buscan sabiduría; pero nosotros predicamos a Cristo crucificado, piedra de tropiezo para los judíos, y necedad para los gentiles; mas para los llamados, tanto judíos como griegos, Cristo es poder de Dios y sabiduría de Dios. Porque la necedad de Dios es más sabia que los hombres, y la debilidad de Dios es más fuerte que los hombres.
>
> —1a. Corintios 1:20-25

> Cuando fui a vosotros, hermanos, proclamándoos el testimonio de Dios, no fui con superioridad de palabra o de sabiduría, pues nada me propuse saber entre vosotros, excepto a Jesucristo, y éste crucificado. Y estuve entre vosotros con debilidad, y con temor y mucho temblor. Y ni mi mensaje ni

mi predicación fueron con palabras persuasivas de sabiduría, sino con demostración del Espíritu y de poder, para que vuestra fe no descanse en la sabiduría de los hombres, sino en el poder de Dios. Sin embargo, hablamos sabiduría entre los que han alcanzado madurez; pero una sabiduría no de este siglo, ni de los gobernantes de este siglo, que van desapareciendo, sino que hablamos sabiduría de Dios en misterio, la sabiduría oculta que, desde antes de los siglos, Dios predestinó para nuestra gloria; la sabiduría que ninguno de los gobernantes de este siglo ha entendido, porque si la hubieran entendido no habrían crucificado al Señor de gloria; sino como está escrito:

"Cosas que ojo no vio, ni oído oyó, Ni han entrado al corazón del hombre, son las cosas que Dios ha preparado para los que le aman."

Pero Dios nos las reveló por medio del Espíritu, porque el Espíritu todo lo escudriña, aun las profundidades de Dios. Porque entre los hombres, ¿quién conoce los pensamientos de un hombre, sino el espíritu del hombre que está en él? Asimismo, nadie conoce los pensamientos de Dios, sino el Espíritu de Dios. Y nosotros hemos recibido, no el espíritu del mundo, sino el Espíritu que viene de Dios, para que conozcamos lo que Dios nos ha dado gratuitamente, de lo cual también hablamos, no con palabras enseñadas por sabiduría humana, sino con las enseñadas por el Espíritu, combinando pensam-

> ientos espirituales con palabras espirituales. Pero el hombre natural no acepta las cosas del Espíritu de Dios, porque para él son necedad; y no las puede entender, porque se disciernen espiritualmente. En cambio, el que es espiritual juzga todas las cosas; pero él no es juzgado por nadie. Porque
>
> ¿quién ha conocido la mente del Señor, para que le instruya? Mas nosotros tenemos la mente de Cristo.
>
> —1a. Corintios 2:1-16

Pablo estaba diciendo que el espíritu del hombre y el Espíritu de Dios son capaces de tener comunión a través de la sabiduría, pero no la sabiduría de este mundo. La sabiduría de este mundo se encuentra limitada a resolver problemas desde un entendimiento muy limitado, lejos de lo que es el origen y propósito del hombre. Por lo tanto, la mente del hombre, la cual se encuentra localizada en nuestra alma, debe ser transformada o renovada, tal y como lo dice en Romanos 12:2.

Las Emociones

Las emociones son las respuestas a los estímulos que recibimos tanto de nuestro interior como de nuestro exterior. Es la forma en que somos condicionados para responder a sucesos y a circunstancias que rodean nuestro medio ambiente. Y digo condicionados porque intentamos evitar el dolor, para poder gravitar alrededor del placer. Las emociones son las avenidas más importantes que están disponibles para que el enemigo pueda controlar al ser humano. Las emociones son la conexión principal entre nuestros sentidos físicos y el alma. Las emociones son muy importantes para la conformación del alma del ser humano, y deben ser entrenadas para conectarse con el Espíritu de Dios, a fin de recibir instrucciones para poder madurar esta parte de nuestra alma.

El Corazón

El corazón no es solamente el órgano central que se encuentra en la cavidad pectoral. También es el centro donde todos nuestros pensamientos y emociones son procesadas. El corazón es la máquina o la fuente de energía del alma. El corazón es para el espíritu del ser humano lo que las emociones son para el cuerpo.

El corazón es el lugar donde la energía de los pensamientos y de las emociones es transformada en imágenes. Es el centro de donde el alma obtiene su dirección, sus prejuicios y sus sistemas de creencia. El corazón, el alma y el espíritu algunas veces son intercambiados en la Biblia (Ezequiel 36:26). Y esto es estrictamente una interpretación de los traductores.

El corazón tiene la capacidad de creer cualquier cosa en la Biblia hasta en tanto que permanece inocente y puro. La caída de Adán transformó la carne inocente o el corazón inocente en un corazón de piedra. (Ezequiel 36:25-27) Por eso es que Jesús comparó la entrada al reino con ser como niños pequeños—porque ellos creen con un corazón puro e inocente. Por lo tanto, es muy obvio para mí que este es el punto de donde viene la facultad de creer, y donde la fe se origina.

Para poder convertirse en la llave maestra, en las manos del Señor, el alma necesita ser transformada completamente en luz. Para llegar a este punto, déjame compartir algunas revelaciones que el Espíritu Santo me ha dado.

A través de la siguiente Escritura, vamos a comprender y a digerir algo extraordinario que tiene que ver con nuestros pensamientos. Esta revelación nos puede ayudar a entender la conformación física y espiritual de nuestros pensamientos.

> La lámpara del cuerpo es el ojo; por eso, si tu ojo está sano, todo tu cuerpo estará lleno de luz. Pero si tu ojo está malo, todo tu cuerpo estará lleno de oscuridad. Así que, si la luz que hay en ti es oscuridad, ¡cuán grande no será la oscuridad!
>
> —Mateo 6:22-23

Si cambiamos la palabra "alma" por la palabra "ojo", y la palabra "pensamientos" por la palabra "lámpara", entonces, vamos a ser capaces de ver algo que puede ser muy revelador para nuestra vida, y de gran importancia; esto es el hecho de que nuestros pensamientos están en el proceso de convertirnos en luz.

Los Pensamientos y su Importancia

Vamos a examinar algo que nos va a ayudar a entender nuestro propósito en esta parte de nuestro estudio. En Romanos 7:15-25, Pablo está expresando toda su frustración debido a que él sabía lo que tenía que hacer, pero era incapaz de hacerlo por la ley de pecado que se encontraba en su mente y en su cuerpo. ¿Dónde se originó esa ley, y cómo es que él pudo vencer esta condición?

La ley del pecado y de la muerte es resultado de la desobediencia del hombre. Comenzando desde Génesis, y hasta este día, nuestra mente y nuestro cuerpo han sido vendidos a la esclavitud del pecado, y han sido dominados por la voluntad de Satanás. Lo que es más, hemos sido recreados en su imagen, y no en la imagen de Dios, teniendo en nosotros la mente y el futuro del diablo. El Padre celestial, conociendo nuestro predicamento, hizo arreglos para que regresemos a Su imagen por medio de una transformación radical, comenzando con nuestra muerte en la cruz de Jesús. Entonces, viene la transformación de nuestra mente y de nuestro cuerpo, por medio de cambiar la forma en que pensamos y el objeto de nuestros pensamientos. Este proceso de reformación es una de las partes más importantes de nuestro estudio en Mateo 6.

El hecho de convertirnos en la llave maestra es algo imposible, si primero no nos convertimos en "la mente de Cristo", tal y como lo declara 1a. Corintios 2:15. Pablo sabía que caminar en el Espíritu era la única manera en que uno lo podía lograr. Tenemos que entender que nuestros pensamientos son lo que busca el enemigo para poder dominarnos a través de la duda y el temor, y que nuestra única arma en contra de él es la Palabra de Dios y el Espíritu Santo. Esto nos conducirá a estar muy alertas en guardar nuestra mente y en darle al Espíritu Santo la reverencia que sólo Él merece.

El propósito de explicar la esfera de los pensamientos es para ayudarnos a ir más allá de nuestra mente hacia el mundo espiritual. El secreto de Mateo 6:22-23, está contenido en nuestra habilidad para entender cómo controlar nuestros pensamientos. Si podemos ver que ellos tienen que convertirse en los pensamientos de Dios para que podamos alcanzar nuestro destino en Cristo Jesús, van a tener un entendimiento completamente diferente.

¿Qué es lo que genera en nosotros el deseo de pensar o el deseo de comportarnos de una manera o de otra?

Motivación

Esta pregunta puede entenderse mucho mejor si analizamos nuestras propias vidas. Al observar la mía, encuentro que lo que continuamente me motiva a pensar o a actuar de una manera o de otra, depende de la retroalimentación positiva o negativa que recibo. Por ejemplo, si me encuentro continuamente siendo condenado y regañado por no poner en orden mi habitación, tal vez no me sienta inclinado a ordenarla en ninguna manera. Lo opuesto de este ejemplo es el hecho de que, si estoy siendo recompensado continuamente con halagos, me voy a sentir más inclinado a poner en orden mi habitación.

Lo que Escuchamos continuamente

Una cosa muy asombrosa acerca de la composición de nuestra alma es que todo aquello que escuchamos por demasiado tiempo, lo vamos a llegar a creer. Por esto es que la Escritura dice,

> Así que la fe viene del oír, y el oír, por la palabra de Cristo.
>
> —Romanos 10:17

El alma es la tierra y todo lo que oímos continuamente vienen a ser las semillas que recibe. Si oímos toda clase de dudas y de incredulidad, vamos a producir fruto en nuestra alma que va a estar lleno de venenos, tinieblas y muerte. El corazón, que es el centro de todo lo que creemos, se va a corromper, y no va a ser capaz de creer en la Palabra de Dios. Por lo tanto, es nuestra responsabilidad convertir nuestra alma a la imagen de Dios, la cual se encuentra en nuestro espíritu.

La Biblia habla acerca de "tener la mente de Cristo" (2a. Corintios 2:10). El espíritu que ha nacido de nuevo en el ser humano debe estar controlando al alma, o de otra manera, su vida va a ser una serie de conflictos y batallas continuas. Esta es una situación muy común en todas las iglesias hoy en día.

Lo que Pensamos continuamente

Nuestra vida está controlada por todo aquello que nosotros pensamos. Dirigimos nuestra vida en la dirección en que pensamos continuamente. Dicho esto de otra forma, si uno piensa constantemente acerca de convertirse en un millonario, uno va a llegar a encontrarse consumido con todo ese tipo de imágenes mentales. Por ejemplo, uno se rodeará con imágenes o con conversaciones de automóviles muy caros, de ropa muy costosa, de enormes casas y de restaurantes muy lujosos. Las conversaciones de esta persona casi siempre van a llevar las palabras, "costoso", "dinero", "de mucho valor", "cuánto cuesta", "no tengo para pagar tanto", etc.

Lo mismo sucede con todos los pensamientos negativos, tales como las enfermedades. Una persona enferma se rodeará con todo tipo de imágenes de enfermedades y padecimientos. Leerá mucho acerca de medicamentos, o acerca de los últimos descubrimientos médicos. Esta persona va a escuchar con mucha atención a cualquiera que hable acerca de los síntomas, o acerca de la manera en que todas estas otras personas murieron de la misma enfermedad.

La diferencia entre imágenes y visiones o panoramas es muy importante. El corazón del hombre almacena las imágenes para poder formar creencias y poder sentirse seguro. La mente dibuja visiones y panoramas porque ha sido entrenada para funcionar más rápidamente y más eficientemente que las otras partes de nuestra alma. La mente debe hacer decisiones muy rápidas, basadas en menor información en comparación al corazón o a los centros emocionales de nuestra alma. Esta es la razón de por qué las imágenes no están completas, sino que están como los bosquejos que hay en el cuaderno de dibujos de un artista.

Imágenes y Panoramas

Los pensamientos y las palabras comienzan a formar bosquejos en nuestra mente, y eventualmente, forman también imágenes en nuestro corazón. Por ejemplo, si alguien habla acerca de una enfermedad o acerca de un padecimiento, inmediatamente recordaremos la imagen de la última vez que tuvimos los síntomas o los padecimientos. Las imágenes son la forma más rápida en que nuestra mente asocia lo que nos gusta y lo que no nos gusta. Las imágenes que nos gustan, normalmente están asociadas con cosas que nos dan seguridad, placer, felicidad, etc. Lo opuesto también es verdadero para las imágenes que no nos gustan y que están asociadas con ansiedad, temor, dudas y con problemas. Todas éstas vienen de estructuras que pueden ser principados y potestades de cautiverio.

Las imágenes, ya sean buenas o malas, enriquecen o corrompen nuestro corazón. Imágenes que vienen de la Palabra de Dios y de gente con fe, van a fortalecer nuestra relación con el Espíritu de Dios.

Uno de los mayores propósitos de la Palabra de Dios es el hecho de alimentar nuestro espíritu con la imagen de Dios. Esta imagen va a superar a todas las otras imágenes de duda y de temor. El Espíritu de Dios reforma la imagen que perdimos en el Jardín del Edén en la desobediencia de Adán. En adición a esto, nuestro espíritu comienza a controlar todo aquello que pensamos, y todo aquello que escuchamos, tanto espiritualmente como físicamente.

El Sistema de Creencias

Muchas veces lo que creemos tiene muy poco que ver con la verdad. Lo que consideramos como una verdad relativa, va a ser determinada por la información que estimamos valiosa o digna de confianza. Este es uno de los procesos mediante el cual se guía nuestra vida. Siempre se nos ha dado la opción de confiar en Dios y en Sus caminos, o de hacer nuestras propias decisiones sin tomar en cuenta la Biblia.

Romanos 10:9-10 dice, "Con el corazón el hombre cree para justicia..." Entonces, él confiesa con su boca. Nuestro corazón tiene que estar convencido antes de que nuestra boca pueda cambiar sus palabras.

Muchas personas que no han podido confesar la Palabra de Dios exitosamente, necesitan primeramente checar la condición de su corazón. No estoy diciendo que esas personas no son salvas (aunque algunas de ellas tal vez no lo sean), sino que me refiero a que los motivos de su corazón pudieran estar equivocados. El corazón se afecta en forma directa por todo aquello en lo que cree.

Nuestros pensamientos pintan las imágenes y los bosquejos mentales, y nuestro corazón es el lienzo que muestra todas esas impresiones. Estas impresiones se convierten en imágenes, y estas imágenes se convierten en sistemas de creencia. El sistema de creencia de nuestro corazón determina nuestro comportamiento. El corazón cree y se comporta de acuerdo a todo aquello que está forzado a oír, a ver y a meditar continuamente. La mente va a creer en la mayoría de las cosas que le den placer, ganancias y seguridad. El corazón, por el otro lado, va a tomar su decisión de creer, de acuerdo a las imágenes que ha formado, por medio de los panoramas que ha recibido. Cuando el corazón cree en algo diferente de lo que la mente cree, el alma comienza a fragmentarse y se vuelve caótica.

Por ejemplo, si estoy entrenado en mi mente para creer sólo aquello que puedo ver, tocar, sentir y gustar, y la Biblia y mi corazón dicen que la fe es poder creer aquello que no puedo ver, y que esto es lo que agrada a Dios, entonces, tengo un dilema, y hay un enorme caos que está batallando dentro de mi alma.

El apóstol Pablo entendió muy bien la importancia de nuestros pensamientos. Él nos instruyó en todo aquello que sí debemos pensar.

> Por lo demás, hermanos, todo lo que es verdadero, todo lo digno, todo lo justo, todo lo puro, todo lo amable, todo lo honorable, si hay alguna virtud o algo que merece elogio, en esto meditad. Lo que también habéis aprendido y recibido y oído y visto en mí, esto practicad, y el Dios de paz estará con vosotros.
>
> —Filipenses 4:8-9

Debemos ver la importancia que tienen nuestros pensamientos con relación a nuestro corazón y la forma cómo éstos afectan a fin de cuentas la totalidad de nuestra alma.

La Biblia dice continuamente que debemos buscar a Dios con todo nuestro corazón, con toda nuestra mente y con toda nuestra alma (Marcos 12:30-31). ¿Cómo puede ser esto posible cuando nuestro corazón cree una cosa y nuestra mente otra?

Cuando yo era niño, pude notar algo que fue diseñado estratégicamente por el enemigo para corromper las creencias de nuestro corazón. Como la mayoría de los niños, yo crecí con la tan famosamente llamada "inocente creencia" de Santa Claus. Me contaban continuamente las "mentiras" acerca de este hombre gordo, que usaba una barba y que volaba en un trineo jalado por venados. Este personaje ficticio traía regalos cada Navidad a los niños "buenos", y entraba en sus casas a través de la chimenea. Esa temporada del año, que originalmente tenía la intención de celebrar el nacimiento de Jesús, se convirtió en la época para celebrar a este personaje, que traía toda clase de regalos. Entonces, a medida que yo maduré, mi mentalidad se volvió escéptica por haber creído esta mentira. El plan siniestro del enemigo había tenido éxito. Mi corazón, que estaba lleno de la posibilidad de creer, ahora había sido cambiado hacia la duda y la total falta de confianza. Por lo tanto, ¿por qué tendría yo que creer que existía Jesús, y que había nacido de una virgen? Lo mismo sucedió con relación al conejito de la Pascua que se celebra en la Semana Santa.

Los sistemas de creencia formados dentro de nuestro corazón, provienen de la información que procesamos. Y estos los convertimos en imágenes. Estas imágenes no tienen nada que ver con la verdad, a menos que estén fundadas en la Palabra de Dios y a la imagen de Dios.

Restaurando Nuestra Alma

La imagen de Dios en el hombre se perdió por la caída de Adán y fue restaurada por medio de la resurrección de Jesús.

> Ahora bien, el Señor es el Espíritu; y donde está el Espíritu del Señor, hay libertad. Pero nosotros todos, con el rostro descubierto, contemplando como en un espejo la gloria del Señor, estamos siendo transfor-

mados en la misma imagen de gloria en gloria, como por el Señor, el Espíritu.

—2a. Corintios 3:17-18

El ser conformados a la imagen de Dios es una transformación progresiva que requiere la reformación del alma. Este es un proyecto para los siglos, y debe comenzar mientras nos encontramos en este cuerpo y sobre este planeta.

Tal y como aprendimos en este capítulo, los pensamientos del hombre son muy importantes para Dios. Hemos podido ver cómo es que los pensamientos de Dios son la única herramienta capaz de conformarnos en la verdadera luz. Los pensamientos de Dios son mucho más altos que nuestros pensamientos, y por lo tanto, son mucho más poderosos que todas las armas de esta época.

El propósito de este libro ha sido diseñado para impartir las llaves que abren nuestra alma y que nos van a hacer completamente libres. Dios nos está retando para que creamos en la misma forma que Jesús creyó.

Si no podemos hacer ninguna otra cosa, debemos ir a Filipenses 4:8, y debemos comenzar a pensar en las cosas que menciona Pablo.

Hemos llegado muy lejos como para regresar ahora. La vida que ahora estamos viviendo va a cambiar para ser una vida que refleja la imagen de Dios. Esto va a requerir que cada uno de nosotros cheque continuamente lo que cree, comparándolo contra lo que dice la Palabra de Dios. No lo que tú escuchaste que alguien dijo o lo que tú pensaste que oíste. Tú debes de estudiar la Biblia por ti mismo.

La Palabra
+
Dar
+
Orar
+
Ayudar
=
La Imagen de Dios

La imagen de Dios es lo que estamos buscando, y es lo que vamos a obtener.

¿Tú también la vas a obtener?

5

Mamón

Hemos llegado al punto de preguntarnos POR QUÉ convertirnos en la llave maestra. Todas las llaves de dar, de orar y de ayunar, nos han preparado para poder llegar a este punto y estar listos para esta batalla de los últimos tiempos. El poder de nuestro adversario y los motivos de nuestra esclavitud deben quedar bien en claro. Nuestro enemigo es Mamón, y nuestras almas han sido el lugar donde él ha estado trabajando.

Tal y como lo descubrimos en el capítulo anterior, nos convertimos en la llave que usa el Señor Jesús para abrir puertas que ningún hombre puede cerrar y para cerrar puertas que ningún hombre puede abrir. Esa llave es el arma máxima usada por Jesús y que está formada con las vidas de aquellos que han usado "las llaves".

Yo confío que ya hayas notado para este momento que el reino de Dios opera por medio de recompensar con más autoridad y con retos mayores a aquellos que han dominado las llaves de dar, orar y ayunar. El reto más grande que vamos a encarar es el hecho de derrotar el espíritu de Mamón que se encuentra en nuestra vida. Vamos a leer algo que se encuentra en el libro de Mateo:

> Nadie puede servir a dos señores; porque o aborrecerá a uno y amará al otro, o se apegará a uno y despreciará al otro. No podéis servir a Dios y a las riquezas (Mamón).
>
> —Mateo 6:24

¿Por qué razón es que Jesús puso este versículo precisamente en este lugar? Hemos estado diciendo a lo largo de todo este estudio que Dios es un Dios de diseño, de propósito y de tiempo perfecto. Jesús sabía que no había motivo alguno para hablar acerca de Mamón hasta en tanto llegara el momento que pudiéramos saber cómo derrotarlo. Pero Jesús también sabe la composición del ser humano, y muy en particular, la composición del alma. Él sabe que a menos que nuestra alma y nuestra carne sean una sola con Su Espíritu, no vamos a poder cambiar de amo, y ni siquiera vamos a ser capaces de reconocer la diferencia.

> ¿Cuál mandamiento es el más importante de todos? Jesús respondió: El más importante es: "Oye, Israel; el Señor nuestro Dios, el Señor uno es; y amarás al Señor tu Dios con todo tu corazón, y con toda tu alma, y con toda tu mente, y con toda tu fuerza.
>
> —Marcos 12:28-30

Esta declaración es la esencia de lo que hemos estado estudiando a través de todo este libro. ¿Cómo es que podemos amar al Señor, nuestro Dios, con todo nuestro ser? ¿Cómo podemos poner en acuerdo nuestra alma y nuestro cuerpo (fuerzas) para llegar a ser uno sólo con Él, en la misma forma en que Jesús fue uno sólo con Su Padre?

Ya hemos estado diciendo en repetidas ocasiones que Jesús, en Su infinito amor y sabiduría, desarrolló las enseñanzas que podemos encontrar en Mateo capítulo 6. Por eso estamos desarrollando nuestras vidas en las áreas de dar, de orar y de ayunar, a fin de reparar nuestra alma.

Hemos usado cada llave para abrir lugares que se encuentran dentro de nuestra mente y dentro de nuestro corazón, a fin de permitir que la luz del Espíritu Santo resplandezca dentro de nosotros. Esta luz nos permite reemplazar nuestros temores con la fe, y nos permite ver el final desde el principio.

"Entonces, ¿qué es exactamente este Mamón?" puedes estarte preguntando en este momento. Algunas traducciones usan la palabra "dinero" o "riquezas" en lugar de la palabra Mamón. Esta no es una traducción acertada, sino la interpretación que se le ocurrió a alguien. La palabra dinero es diferente en el griego, y es usada a través de todas las Escrituras. La palabra Mamón es un término arameo que significa "todo aquello que se guarda o que se asegura para que esté a salvo." Por lo tanto, debido a que tanta gente cree que la seguridad se encuentra en el dinero, es muy fácil ver por qué los traductores pusieron a la palabra "dinero" o "riquezas" en lugar del verdadero nombre de este espíritu.

Sin embargo, Mamón es un espíritu que se manifiesta en las propiedades, en las inversiones, en las carreras profesionales, en las conexiones familiares, o en cualquier otra cosa, que de forma sutil, garantiza y asegura un ingreso.

En el Israel antiguo, este espíritu era el equivalente directo a lo que en nuestros días actuales llamamos "ahorros". El Mamón de un hombre era su cuenta bancaria, lo cual se constituía en su "tabla de salvación" en contra de cualquier cosa inesperada. Cuando un judío de la antigua Palestina se refería a su Mamón, él estaba hablando de todo aquello que GARANTIZABA su seguridad financiera. MAMÓN ES TODO AQUELLO EN LO QUE PONEMOS NUESTRA CONFIANZA EN LUGAR DE CONFIAR EN DIOS. ¡CUALQUIER COSA QUE NO SEA DIOS!

Mamón no es necesariamente el dinero en sí mismo, sino todo aquello que nos da el poder de adquirir todo lo que el dinero pueda comprar. Es como una forma de pagaré o contrato de crédito que da la ilusión a sus dueños de tener seguridad y poder adquisitivo. Y digo la ilusión, porque cualquiera que ha leído o que haya vivido durante la época de la Gran Depresión en los Estados Unidos puede ver como un día el dinero tenía valor, y al día siguiente, no valía nada. Este es un precio muy alto que hay que pagar por servir a Mamón.

Mamón pervierte el Mensaje de Prosperidad

Así que, cuando Jesús compara a Dios y a Mamón, Él se está refiriendo al sistema, el cual es un espíritu, y que compite por el afecto, el amor, la adoración, la fe y la atención de todos aquellos que dicen, "Señor, Señor."

Toda mi vida cristiana, yo pensé que yo estaba sirviendo a Dios. Yo me convertí en un dador de mis diezmos y ofrendas consistentemente y aun más allá del 50% de mis ingresos. En ese momento de mi vida, yo estaba ganando varios miles de dólares al mes. En forma secreta, yo estaba comenzando a admirar mi generosidad, hasta el punto en que el orgullo y la arrogancia se convirtieron en socios de mi forma de dar.

Yo escogía con mucho cuidado aquellos ministros y ministerios a quien yo les iba a dar o en quienes iba a sembrar. El propósito principal por el cual yo les estaba dando, y que era el número uno para mí, es que yo estaba siendo nutrido y alimentado en mi desarrollo espiritual.

Estos hombres de Dios eran muy populares en todos los medios de comunicación y a través de todo el mundo. Yo me sentía muy bien acerca del hecho de estarles dando a todos esos ministros que veía en la televisión y que podía ver la forma en que millones de vidas estaban siendo afectadas.

La otra razón que yo tenía para dar era que yo creía que Dios me iba a multiplicar todo aquello que yo diera. Todos estos ministros enseñaban acerca de sembrar y cosechar. Algunas veces, esto es lo único que enseñaban. Pero había otros beneficios relacionados con el hecho de darles a ellos. Yo recibía reconocimiento por la cantidad de mi ofrenda por medio de tener asientos especiales en sus conferencias, o a veces, me daban números privados para que yo pudiera hablar directamente a la casa de alguno de ellos.

Mientras más grande era la cantidad de ofrenda, más grande era el reconocimiento y los privilegios especiales. Algunos de estos ministros me invitaron a formar parte de su "círculo privado" de seguidores, lo cual me daba acceso a reuniones especiales, y a poder ir en viajes junto con ellos en forma muy personal.

Yo me sentía muy privilegiado de tener contacto personal con algunas de las más grandes personalidades del mundo cristiano de la televisión. Cada uno de estos hombres era muy serio con relación a la pasión que sentían por Jesús y acerca de los millones de gentes que sufren en el mundo. Pero el sistema que está siendo usado para mantener el funcionamiento de sus ministerios estaba produciendo algo más de aquello para lo cual fue creado.

Pude observar que la gente que está operando estos ministerios estaba usando las mismas técnicas y los mismos principios que usan comúnmente las corporaciones del mundo. Me di cuenta que los mismos sistemas sutiles que son usados por las grandes corporaciones para vender automóviles, o para elegir a los políticos, estaban siendo usados para promover las conferencias y para convencerme de que diera dinero a estos hombres de Dios.

Yo recibía múltiples miles de dólares en publicidad cada año de todos estos ministros que yo estaba apoyando económicamente. Los más grandes eran como una corporación que tienen que tener más y más dinero para operar todos sus departamentos y todos sus gastos.

Los hombres de Dios se convirtieron más en directores y presidentes de enormes empresas, que lo que yo me había imaginado que era un evangelista, un ministerio de sanidad o un maestro de acuerdo de lo que dice el Evangelio. No estoy tratando de juzgar a nadie aquí. Estoy dando a conocer mis sentimientos y lo que Dios me estaba enseñando con relación a mi corazón y al sistema de Mamón.

Comencé a sentir que el hecho de dar me daba el derecho de obtener algo directamente de Dios. De hecho, yo estaba comenzando a recibir mensajes subliminales de estos ministerios en el sentido de que el tener mucho dinero era una señal de ser justo.

Comencé a sentir que si yo no estaba recibiendo "cien veces más" a cambio, tenía que haber algo malo en mi vida espiritual. Yo creía que aquellos que tenían mucho dinero, también tenían mucha fe. Después de todo, algunos de estos ministerios hablaban en forma muy extensa acerca de cuántos aviones poseían y cuántos habían regalado durante el transcurso de sus vidas.

Yo nunca llegué a conocer una sola persona que hubiera recibido cien veces más a cambio de sus ofrendas. Deben de haber muchos, pero no he escuchado, ni he leído de ninguno de ellos. Pero en los círculos que yo frecuentaba, ese mensaje, que ha sido reemplazado con el dicho de "al ciento por uno", era la enseñanza más popular que se presentaba justo antes de solicitar las ofrendas. No existía ni una sola persona entre todos nosotros que no pensara que después de haber dado esa ofrenda, tenía el derecho a recibir una cantidad equivalente a haber ganado la lotería. Esta es la forma en que mi corazón estaba tan corrompido por estar pensando en cómo prosperar.

Déjenme poner esto bien claro. Yo creo que cada uno de esos hombres estaban absolutamente convencidos de que Dios estaba siendo honrado en sus vidas y en sus ministerios. De hecho, todos esos hombres son preciosos santos de Dios, llenos de integridad, y no los juzgo. Más aun, yo no hubiera podido alcanzar el primer paso de dar, si no hubiera sido por los mensajes de estos hombres de Dios.

Estamos viviendo en una nueva generación que debe escuchar y ver más acerca de la naturaleza y del verdadero carácter de Dios. Estoy convencido que Dios comenzó el mensaje de la tan llamada "prosperidad" con un propósito mayor. Este propósito es el hecho de que la iglesia, en muchas ocasiones y en muchos lugares, todavía no sabe dar. La iglesia todavía se encuentra tan atada por Mamón, que muchos de sus miembros ni siquiera diezman. Por lo tanto, a través de Su misericordia, Dios tiene que mostrarle a la iglesia que Él recompensa a aquellos que diligentemente lo buscan, aunque lo busquen en las formas más elementales, tales como dar.

Comencé a notar en un período de varios meses que mi negocio se estaba "secando". El negocio que yo creía que Dios me había dado como bendición y como resultado de dar a Su obra, se estaba convirtiendo como el "el arroyo Querit" del cual se habla en 1a. Reyes 17:7. Entonces, un día, se me acabó todo el dinero. Yo no había hecho nada diferente. Yo estaba dando todo lo que yo tenía a todos estos ministerios que me estaban pidiendo en forma regular, y algunas veces, hasta dos y tres veces por mes. Pero mi negocio no estaba produciendo ningunos ingresos. Yo tenía mi propio negocio, y tenía que depender en lo que yo pensaba era de Dios para prosperarme. "¿Qué pasa? Qué es lo que está mal, Señor?" le pregunté. No escuché nada de parte del Espíritu Santo.

Durante todos esos años de dar miles y miles de dólares, yo había viajado a muchos países. Yo había orado por los enfermos y había podido ver milagros. Había profetizado y había echado fuera demonios, y aun, había predicado. En verdad, estaba siendo usado por Dios y sentía Su presencia frecuentemente. ¿Por qué era que no estaba recibiendo ese ciento por uno a cambio, tal y como Él lo promete? ¿Por qué es que mis oraciones con relación al dinero no habían sido contestadas?

Entonces, el Espíritu Santo me dijo, "Debes de leer las siguientes Escrituras. Mateo 7:20-24." Esto habla acerca de aquellos que echaron fuera demonios, que profetizaron y que hicieron milagros en Su nombre. Pero Él les dijo, "JAMÁS OS CONOCÍ; APARTAOS DE MÍ, LOS QUE PRACTICÁIS LA INIQUIDAD."

Entonces el Espíritu Santo dijo claramente, "Tu amo y señor ha sido Mamón y no yo." Yo estaba completamente devastado. ¿Cómo podía ser esto posible? Yo sabía que había escuchado que el Espíritu Santo me decía que diera a todos estos ministerios. Yo sabía que mi "sembrar" me daba derecho a "cosechar" de acuerdo a lo que dice la Biblia. Yo sabía todas estas verdades. Sin embargo, la mayor parte de las veces, nuestro motivo secreto es nuestra "seguridad financiera". Aquí es donde comienza nuestro engaño y donde transferimos nuestra fidelidad de un amo o señor a otro. Mi dar estaba siendo dado a un sistema disfrazado y venía de un corazón equivocado, que estaba basado en los principios de Mamón. Mi confianza no estaba en Dios, sino en el sistema de "dar y recibir".

He escuchado a estos poderosos hombres de Dios repetir una y otra vez, mientras están recogiendo las ofrendas, "La fuente de tus recursos es Dios y no tu trabajo." Esta era "una verdad", y eso estaba bien, pero yo no sabía cuál era la diferencia. También me habían enseñado que Dios podía usar mi trabajo para hacerme prosperar. Y de esta manera, mi trabajo y Dios estaban confundidos en mi mente con relación a cuál de estos dos estaba supliendo mis necesidades verdaderamente.

Yo había escuchado los principios bíblicos para poder prosperar, siendo éstos pervertidos completamente por el sistema de Mamón. Lo que realmente comenzó como una revelación de Dios, corrompió mi manera de pensar por medio de apelar a mi naturaleza de pecado y a mi codicia, las cuales aún no habían sido transformadas.

Algunos nos decían que debíamos tener múltiples fuentes de ingresos, a fin de crear una protección contra cualquier desastre financiero. Algunos otros enseñaban incluso a tener fe en la fe, pero no a tener fe en Dios. Yo estaba buscando vivir bien y en una buena posición económica, pero yo estaba bebiendo del pozo de Mamón.

Déjenme repetir esto, no estoy culpando a los mensajeros tanto como estoy culpando al mensaje que recibí falsamente. El problema es que algunos de los mensajeros, en muchas ocasiones, se encuentran atados a este mismo espíritu, y no están conscientes o no están suficientemente preparados como para liberarnos al resto de nosotros que también estamos atados a este monstruo llamado Mamón.

Los motivos de mi corazón estaban equivocados y corruptos por escuchar mensajes que en forma consciente o inconsciente, estaban fundados bajo los sistemas de Mamón. Hay mensajes de prosperidad tan corruptos hoy en día que han corrompido la pureza de la verdad.

Los principios bíblicos son correctos: dad y se os dará. Pero la mayoría de nuestros objetivos no tienen nada que ver con las cosas de arriba.

> Si habéis, pues, resucitado con Cristo, buscad las cosas de arriba, donde está Cristo sentado a la diestra de Dios. Poned la mira en las cosas de arriba, no en las de la tierra.
>
> —Colosenses 3:1-2

La realidad es que, los que somos guiados por el Espíritu Santo, somos prósperos y ricos EN CRISTO JESÚS. Somos ricos debido a que todo lo que Él tiene, lo tenemos también nosotros, si es que en verdad le pertenecemos a Él.

Amado lector, ya sea que usted tenga un millón de dólares o que apenas le alcance el dinero para comprar algo de comida, todos nosotros, de una o de otra forma, estamos atados a Mamón. Somos guiados por un espíritu, pero qué clase de espíritu es quien nos está guiando, es la pregunta que todos debemos contestar. Y el Espíritu Santo en Su grande misericordia nos está permitiendo ver la verdad y poder cambiar.

La Forma cómo el Espíritu Santo cambió mi amo y Señor

El Espíritu Santo comenzó a tratar conmigo después de que me arrepentí. Él se acercó a mí en una forma muy gentil, pero muy profunda, con relación a mis ataduras y a mi errónea manera de pensar. Él me mostró lo fuerte de mis lazos con Mamón. Parte de esta enseñanza que ahora comparto contigo es resultado de esas sesiones que pasé con mi VERDADERO AMO Y SEÑOR.

Mamón es mencionado sólo en unas cuantas ocasiones en las Escrituras. Sin embargo, es el demonio más insidioso que existe en este planeta.

Una de las maneras en que Jesús mostró al mundo que Él no iba a ser controlado por Mamón, fue por medio de poner a Judas como el tesorero del ministerio. ¿Cuántos ministros que usted conoce buscarían poner a un ladrón de entre sus fieles seguidores y asignarle la tarea de administrar el dinero? Jesús estaba haciendo una declaración muy poderosa al hacer esto. Jesús entendía Su misión en la tierra, y mostró a Sus discípulos la forma en que se puede establecer el reino de Su Padre sin tener que inclinarse ante Mamón.

Acabamos de leer que uno no puede servir a dos amos, porque o acabará amando al uno y odiando al otro o vise versa. Esto se debe a que los amos requieren toda la atención de sus discípulos. Jesús dijo que una casa dividida no puede permanecer.

La verdad es que muchos de los tan llamados cristianos, en realidad no aman a Jesús. Les agrada Jesús, pero ellos aman mucho más al dinero. Es algo muy triste el hecho de aprender que aquellos que profesan amar a Jesús en esencia, realmente lo odian.

Si estamos doblando nuestra rodilla ante Mamón, estamos odiando a Jesús. La Escritura pone muy claro el hecho de que si amamos a un amo, odiamos al otro amo. Y si tú sigues leyendo, tú vas a darte cuenta de la seriedad que implica nuestra traición. Judas sólo se llevó treinta piezas de plata. ¿Cuál es el precio por el cual nos estamos vendiendo?

¿Por qué es que Jesús le preguntó a Pedro tres veces en Juan 21:15-17 si lo amaba? Jesús está usando la palabra griega ágape por la palabra amor, que significa un amor desprendido y nada egoísta. Pedro estaba respondiendo con la palabra fileo, que significa afecto sin demostración.

La razón de esto, tal y como lo hemos analizado anteriormente, es que el amor requiere de acción. Pero el hecho de que alguien le sea agradable a uno, no necesariamente requiere una respuesta por parte de uno mismo.

¿No es maravilloso que Jesús comenzó Su predicación en Mateo 6 con el concepto de dar, siendo ésta la primera y la más importante señal de expresar lo que uno está diciendo? Yo aprendí que el hecho de dar no era mi problema, pero el motivo que estaba detrás de lo que yo daba, eso sí era todo un problema. Esto era y esto es lo que está mal con relación a todos esos mensajes de prosperidad que se predican hoy en día.

Dar es verdaderamente el comienzo de todos los principios cuando se trata de demostrar a quién estamos sirviendo. Pero el motivo para dar es lo que va a separar al trigo de la cizaña, o a Dios de Mamón.

Encontramos en 1a. Timoteo 6:10, que el amor al dinero es la raíz de todos los males. Esto me dice a mí que si alguien está teniendo problemas en su vida, esta persona debería investigar las raíces de sus "problemas florecientes". De acuerdo a esta Escritura, vamos a descubrir que el amor al dinero es la verdadera causa. Este es Mamón en persona controlando nuestra vida y toda nuestra atención. "Donde estuviere vuestro tesoro, ahí estará vuestro corazón."

Seamos honestos con nosotros mismos y descubramos los motivos que hay detrás de lo que hacemos. El dinero decide la forma en que vestimos para que podamos obtener cierto empleo. Si nos hacemos amigos de ciertas gentes por motivo de su influencia y de sus contactos, entonces, es el dinero que está decidiendo cuáles son nuestros amigos.

Si tenemos que trabajar muchas horas extras para mantener cierto estilo de vida, entonces es el dinero que está decidiendo qué tanto tiempo tenemos que pasar con nuestra familia.

Si nuestra esposa tiene que trabajar para que podamos estar más desahogados económicamente, entonces es el dinero que ha decidido que nuestros hijos se encuentran mejor siendo cuidados por un extraño, en lugar de estar siendo cuidados por su madre.

Si asistimos a iglesias cuyo mensaje principal es la prosperidad y cuyas palabras están enfocadas en que yo supla mis necesidades, entonces, es el dinero y mi ego que son mis verdaderos motivos, y no lo que Dios quiere decirle a las naciones.

Esta lista sigue y sigue. Continuamente se negocian sermones que alteran el corazón y la misma esencia del Evangelio, para tratar de lograr una ganancia para nosotros. Estamos viviendo en la era que se puede describir como el Mundo Cristiano Apóstata Moderno, lo cual simplemente significa que estamos rechazando las enseñanzas de Jesús en forma consciente y voluntaria. Jesús dijo que debíamos buscar primeramente el reino de Dios y Su justicia, y que todas estas otras cosas iban a ser añadidas, pero Mamón y el cristianismo apóstata dicen, "Busca primeramente la seguridad económica, y entonces, tendrás tiempo y dinero para darle al reino de Dios."

El cristianismo apóstata que está vestido muy elegantemente con el mensaje de prosperidad de los días modernos, ha vuelto a escribir las Escrituras, manipulándolas con una "sabiduría práctica" que está directamente relacionada a nuestras finanzas. Parece existir un lenguaje subliminal, que indica que las ganancias están asociadas con la super fe.

Las declaraciones que hace Jesús en Mateo 6:25-33 son muy claras, y no sustentan ninguna clase de compromisos.

> Por eso os digo, no os preocupéis por vuestra vida, qué comeréis o qué beberéis; ni por vuestro cuerpo, qué vestiréis. ¿No es la vida más que el alimento, y el cuerpo más que la ropa? Mirad las aves del cielo, que no siembran, ni siegan, ni recogen en graneros; y sin embargo, vuestro Padre celestial las alimenta. ¿No sois vosotros de mucho más valor que ellas? ¿Y quién de vosotros, por ansioso que esté, puede añadir una hora al curso de su vida? Y por la ropa, ¿por qué os preocupáis? Observad cómo crecen los lirios del campo; no trabajan, ni hilan; pero os digo que ni Salomón en toda su gloria se vistió como uno de

> éstos. Y si Dios viste así la hierba del campo, que hoy es y mañana es echada al horno, ¿no hará mucho más por vosotros, hombres de poca fe? Por tanto, no os preocupéis, diciendo: "¿Qué comeremos?" o "¿qué beberemos?" o "¿con qué nos vestiremos?" Porque los gentiles buscan ansiosamente todas estas cosas; que vuestro Padre celestial sabe que necesitáis todas estas cosas. Pero buscad primero su reino y su justicia, y todas estas cosas os serán añadidas.
>
> —Mateo 6:25-33

La mayoría de estas palabras han perdido su significado en todas estas iglesias cuyos objetivos se encuentran enfocados principalmente en la prosperidad. Si alguien se atreviera a hablar o a actuar en las formas que se describen en estas Escrituras, (no os preocupéis por el día de mañana), sería marcado como una persona irresponsable, se le consideraría una persona indigna de confianza, y hasta sería tratado como un tonto.

El versículo 26 declara claramente que nuestro vivir no debe estar dependiendo de nuestro trabajo y que nuestro futuro no debe estar dependiendo de nuestros ahorros, pero que depende únicamente de quién es nuestro Padre. De todas maneras, muchos profetas y apóstoles de estos días modernos hablan acerca de la prosperidad y acerca de la transferencia de riquezas, como si fueran los capitanes a bordo del Titanic, y estuvieran pidiéndole a sus pasajeros que sacaran las sillas para sol, y que disfrutaran el viaje.

No nos confundimos acerca del significado de estas declaraciones cuando leímos primeramente "No os hagáis tesoros en la tierra", o "No os preocupéis por el día de mañana" o "No trabajéis por la comida que perece" o "Busquen primeramente el reino de Dios." La confusión surge cuando lo que necesitamos y lo que queremos viene a ser más importante de lo que hemos creído mentalmente de la Palabra de Dios.

Esperar algo, pensarlo y confesarlo de acuerdo a nuestra "fe", pero entonces, decidir vivir de acuerdo a los principios de Mamón debido a lo que nosotros llamamos "la realidad", es vivir en hipocresía. ¿Podemos declarar esto honestamente siendo cristianos?

La era en la cual estamos viviendo requiere que la iglesia tome una decisión, ya sea de servir a Dios o que se arriesgue para servir a Mamón. Los estilos de vida de la mayoría de los cristianos profesantes casi no se pueden diferenciar del "respetable paganismo". Perdónenme por hablar tan agudamente, pero estamos viviendo en tiempos peligrosos, y necesitamos cambiar lo que estamos haciendo, o de otra manera, vamos a escuchar al Señor decir, "¡APÁRTATE DE MÍ, PORQUE NUNCA TE CONOCÍ!"

Muchos de nosotros creemos que el ataque a las Torres Gemelas en Nueva York, que se efectuó el 11 de septiembre de 2001 fue Dios, diciéndonos que Mamón estaba siendo juzgado, y que todo aquel que siguiera alimentándose de los pechos de ese dios, va a sufrir el mismo tipo de juicio. Estudia el capítulo 18 del libro de Apocalipsis y date cuenta de esto por ti mismo. Si vemos nuestra vida, podremos ver a quién estamos sirviendo. ¿Vamos a odiar a uno (Dios), y vamos a amar la seguridad (Mamón); o vamos a amar a Dios y a despreciar a Mamón, o lo que es lo mismo, la seguridad del sistema de este mundo. ¿Pero por qué deberíamos odiar la seguridad en el dinero? La Biblia dice, "El dinero responde a todas las cosas y el dinero es una defensa" (Eclesiastés 10:19 y 7:12). El uso de dinero en estas Escrituras no implica que aquellos que lo usan han puesto su confianza en ello. Al contrario, indica que el dinero los está sirviendo a ellos. Si vemos otra Escritura en Eclesiastés 12:13, vamos a ver que la conclusión de todo este asunto es, "Teme a Dios, y guarda Sus mandamientos."

En Proverbios 8:13, la Biblia dice, "El temor del Señor es ABORRECER LO MALO." Malo puede ser definido como todo aquello que demanda nuestra confianza en lugar de que confiemos en Dios.

En Proverbios 3:5-6, dice lo siguiente,

> Confía en el Señor con todo tu corazón, y no te apoyes en tu propio entendimiento. Reconócele en todos tus caminos, y El enderezará tus sendas.

CON TODO TU CORAZÓN significa todo tu corazón, que es precisamente adónde te hemos querido llevar.

Esta es la condición de la iglesia hoy en día con relación a Mamón. Desafortunadamente, nosotros no odiamos los sistemas de este mundo en la manera en que Jesús lo hizo. Uno de los mejores ejemplos nos es mostrado en Mateo 21:12-13.

> Y entró Jesús en el templo y echó fuera a todos los que compraban y vendían en el templo, y volcó las mesas de los cambistas y los asientos de los que vendían las palomas. Y les dijo: Escrito está: "Mi casa será llamada casa de oración", pero vosotros la estáis haciendo cueva de ladrones.

En 1a. Corintios 3:16, leemos que una vez que nos convertimos en la habitación del Espíritu Santo, somos entonces considerados el templo de Dios. Vean muy de cerca lo que Jesús está haciendo. Él está haciendo una declaración a todos aquellos que usan sus templos para negociar con Mamón por su seguridad, y está diciendo que el Espíritu Santo de Dios no va a compartir Su dominio con ningún otro señor, ni con ningún otro ídolo.

Jesús marcó muy bien el hecho de echar fuera a todos aquellos que estaban comprando y vendiendo. Ellos estaban comerciando con las cosas santas. Es el deseo de un corazón malvado el tomar ventaja de otros, el obtener ganancias a expensas de alguien más, el codiciar riquezas para satisfacer el alma. Es el amor al dinero en sí mismo lo que es la raíz de todos los males. Es parte de la misma semilla de maldad que corrompió a Lucifer.

> A causa de la abundancia de tu comercio te llenaste de violencia, y pecaste; yo, pues, te he expulsado por profano del monte de Dios, y te he eliminado, querubín protector, de en medio de las piedras de fuego.
>
> —Ezequiel 28:16

Este es el comienzo de nuestra transferencia de amos o señores. Comprar y vender es el método de comercio en el sistema de Mamón. El reino de Dios opera por medio de sembrar y cosechar. Jesús hizo una declaración en Lucas 17:26-30, cuando le preguntaron cuándo iba a venir el reino de Dios:

> Tal como ocurrió en los días de Noé, así será también en los días del Hijo del Hombre. Comían, bebían, se casaban y se daban en casamiento, hasta el día en que Noé entró en el arca, y vino el diluvio y los destruyó a todos. Fue lo mismo que ocurrió en los días de Lot: comían, bebían, compraban, vendían, plantaban, construían; pero el día en que Lot salió de Sodoma, llovió fuego y azufre del cielo y los destruyó a todos. Lo mismo acontecerá el día en que el Hijo del Hombre sea revelado.

Yo creo que la importancia de los términos comprar y vender indica en general, la decisión que los individuos tomaron de confiar en sus propios métodos, en lugar de confiar en Dios para gobernar sus vidas.

La ilustración es tan viva en Marcos 4:14-20, (la parábola del sembrador,) en donde la condición de nuestro corazón es tal que la Palabra de Dios no puede encontrar un lugar donde pueda ser sembrada, para poder cosechar a cambio un treinta, un sesenta, y un cien por ciento. Esto me demuestra que nuestra mente y nuestro corazón están absorbidos en preocupaciones. Tratan de proveer para nuestras necesidades con nuestros propios recursos y a través de los sistemas del mundo, los cuales consisten en comprar y vender, y en vender y comprar. Esto hace muy difícil que nuestra alma pueda confiar en los principios de sembrar y cosechar.

No estoy diciendo que todos nosotros que compramos y vendemos estamos sirviendo a Mamón. Sólo estoy diciendo que la persona en quien confiamos es determinada por varios factores, pero uno de estos principales factores lo indica a quién le confiamos nuestro dinero.

Después de que Jesús hace la declaración acerca de los dos amos, Él continúa, diciendo,

> Los fariseos, que eran amantes del dinero (codiciosos), oían todas estas cosas, y se burlaban de El. Y El les dijo: Vosotros sois los que os justificáis a vosotros mismos ante los hombres, pero Dios conoce vuestros corazones, porque lo que entre los hombres es de alta estima, abominable es delante de Dios.
>
> —Lucas 16:14-15

Vamos a examinar más de cerca el término "codiciosos". Quiero que vean conmigo en el libro de Josué la seriedad con que Dios considera este pecado. A continuación están las instrucciones que le fueron dadas al pueblo de Israel con relación a tomar las riquezas de Jericó después de la batalla.

> Pero en cuanto a vosotros, guardaos ciertamente de las cosas dedicadas al anatema, no sea que las codiciéis y tomando de las cosas del anatema, hagáis maldito el campamento de Israel y traigáis desgracia sobre él. Mas toda la plata y el oro, y los utensilios de bronce y de hierro, están consagrados al Señor; entrarán en el tesoro del Señor.
>
> —Josué 6:18-19

Sabemos la historia de cómo Acán (que significa serpiente), tomó las cosas que tenían maldición de Jericó y causó la muerte de 36 hombres de Israel en la ciudad de Hai.

Quiero que miren lo que Acán dijo a Josué,

> Cuando vi entre el botín un hermoso manto de Sinar y doscientos siclos de plata y una barra de oro del peso de cincuenta siclos, LOS CODICIÉ Y LOS TOMÉ; y he aquí, están escondidos en la tierra dentro de mi tienda con la plata debajo.
>
> —Josué 7:21

Esta historia contiene tantas verdades que se requeriría otro libro completo para poder explorarlas todas.

Déjenme señalar algunas de estas cosas que son importantes para nuestro estudio actual. Dios odia el sistema de Babilonia. Este es el mismo sistema de Mamón, que es perpetrado por medio de comprar y vender, y está fundado en la codicia y en la avaricia. Tanto como Dios ama al hombre, Él odia mucho más la maldad, lo cual Él demuestra a través de la muerte de soldados inocentes que fue la consecuencia del pecado de Acán.

Cuando Jesús les dijo a los fariseos, quienes eran muy codiciosos, que todo lo que era valioso para ellos, era una abominación delante de Dios, esto no se debía al oro, a la plata o al bronce, sino se debía al corazón de ellos. No era el oro o la plata lo que estaba mal, sino a qué amo o señor estaba siendo consagrado. Jesús echó fuera del templo a los ladrones o a los robadores, debido al corazón que tenían y al dios que ellos servían. Debes recordar que nosotros somos Su templo y que Él es un Dios muy celoso.

En mi vida personal, yo rehuso comprar cualquier cosa que yo no necesite, y no voy a vender aquellas cosas que ya no quiero. Prefiero dar mis cosas que todavía tienen valor. Creo que muchos cristianos viven de esta manera, pero hay algunos que están muy preocupados con el hecho de comprar y vender. En Apocalipsis 13:17, hay una declaración muy radical.

> Y que nadie pueda comprar ni vender, sino el que tenga la marca: el nombre de la bestia o el número de su nombre.

Como lo dije anteriormente, los términos comprar y vender no hacen de ti un siervo de Mamón, sino que son nuestros corazones los que demuestran quién es nuestro amo y señor, ya sea la bestia o Jesús el Cristo. Esto significa para mí que todos nosotros como el verdadero cuerpo de Cristo, si no aprendemos cómo operar en lo sobrenatural, vamos a ser martirizados o nos vamos a rendir ante el ídolo, que creo que es Mamón.

Estoy convencido que sembrar y cosechar es la manera de suplir las necesidades del reino de Dios. Desafortunadamente, muchos de los ministros que tienen la costumbre de usar estos términos, no operan bajo estos principios. En la mayoría de los casos, sus métodos de sembrar y cosechar se encuentran mezclados con los sistemas de comercio del mundo. La maquinaria de algunos ministerios se ha conformado tanto a los sistemas del mundo que, para poder hacer negocios, ellos comienzan por depender en modelos equivocados.

La confianza cambia en forma muy sutil de la fe en Dios, a la fe en los principios probados de los negocios. Los resultados son temporalmente buenos y efectivos para el propósito de acumular dinero. Esto permite que todos estos ministerios prediquen el Evangelio a los perdidos, lo cual parece ser muy bueno. Pero lo que está sucediendo es que estamos encontrando verdaderos problemas. "Los perdidos" que la mayoría de los ministerios están convirtiendo caen tristemente y fallan, al no salir fuera del sistema de Mamón. La verdadera tragedia es que ellos en verdad ni siquiera saben la diferencia que existe entre los dos reinos.

Los nuevos convertidos están siendo entrenados más por lo que ven, que por lo que escuchan. Estos ministerios están predicando principios verdaderos de la Palabra de Dios. Pero los convertidos ven que la mayoría de los ministerios de la televisión siempre se la pasan pidiendo dinero. Ellos ven los métodos que está usando la iglesia cristiana para "levantar fondos", y ven muy poca, o ninguna diferencia, con otros sistemas o eventos que usa el mundo para hacer lo mismo. La única diferencia es la promesa de obtener algo a cambio por tu donativo o ofrenda.

Los supuestamente llamados cristianos que ellos producen son híbridos del sistema del mundo. Ellos son entrenados en el lenguaje y en las apariencias de la iglesia, pero sin cambiar su lealtad del dios a quién siempre han estado sirviendo y que se llama Mamón. Esto no es una condenación, sino la triste verdad que viven muchas de las iglesias en el mundo occidental.

La necesidad de dinero es real. En la mayoría, el corazón de los ministros es puro. Pero debido a que todos hemos bebido de la copa de abominaciones de la cual nos habla en Apocalipsis 17:2, todos nos encontramos intoxicados con ideas y con métodos que son de este mundo.

Todos tenemos la culpa de la condición en que se encuentra la iglesia. Todos nos sentimos incapaces de cambiar la demanda sobrecogedora de más y más dinero para alimentar "esta maquinaria".

Así que la pregunta que todos debemos contestar es, ¿cómo podemos vivir en este mundo sin conformarnos a sus métodos y sistemas de hacer negocios?"

Salid de en Medio de ella, Pueblo Mío

> Y clamó con potente voz, diciendo: ¡Cayó, cayó la gran Babilonia! Se ha convertido en habitación de demonios, en guarida de todo espíritu inmundo y en guarida de toda ave inmunda y aborrecible. Porque todas las naciones han bebido del vino de la pasión de su inmoralidad, y los reyes de la tierra han cometido actos inmorales con ella, y los mercaderes de la tierra se han enriquecido con la riqueza de su sensualidad. Y oí otra voz del cielo que decía: Salid de ella, pueblo mío, para que no participéis de sus pecados y para que no recibáis de sus plagas.
>
> —Apocalipsis 18:2-4

La única persona que venció a este mundo fue Jesús. Los métodos que Él usó deben ser los métodos que usemos nosotros. Él dijo en Lucas 16 que si logramos ser fieles con las riquezas injustas, nos podremos graduar para recibir las "verdaderas riquezas".

Las verdaderas riquezas no son materiales como el oro y la plata, sino que consisten en la confianza que tenemos hacia la esencia misma de todo lo que es el Espíritu Santo y que se encuentra en nuestro corazón.

> Por tanto, si no habéis sido fieles en el uso de las riquezas injustas, ¿quién os confiará las riquezas verdaderas? —Lucas 16:11

Tan duro como esto suena, la única razón que la iglesia no está operando en las verdaderas riquezas se debe a que no hemos sido fieles con las riquezas injustas. Hemos codiciado, y de hecho, hemos buscado las maneras para poder tener tanto las riquezas de este mundo aquí, como las del mundo venidero. Babilonia va a ser juzgada nuevamente y todos aquellos que operan en su sistema de comercio y que confían en ella, van a sufrir las mismas consecuencias.

Mientras más entiendo las Escrituras, recibo más verdades con relación al término "verdaderas riquezas". Yo creo que se refiere a lo mismo que hablaba Pablo en Efesios capítulo 1 y 3, cuando él habló acerca de las riquezas de Su gloria.

Hemos visto, una y otra vez, el valor que Dios puso en el corazón del hombre. La Escritura dice que donde está tu tesoro, ahí va a estar tu corazón. El corazón del hombre es el lugar donde Dios o Mamón depositan la moneda en la cual estás confiando. Ya sabemos que todo el mundo y todo el oro le pertenecen a Dios, y Él va a ser el Único que permanezca para siempre después de que todo se haya destruido.

Las "verdaderas riquezas" están en el corazón de los hijos de Dios que son completamente Suyos. En esos corazones, Dios va a depositar todas las riquezas de Sí Mismo. ¿Qué nos puede ofrecer Mamón que sea más valioso que esto?

"Señor, me arrepiento. Ayúdanos a todos para que podamos ver la verdad de Tu Palabra y para que podamos tener la fe necesaria para operar en este mundo sin conformarnos a él." Esta es mi oración.

Las Tentaciones de Ayer son las mismas de Hoy

Si no aprendemos ninguna otra cosa durante todo este estudio, sólo veamos la respuesta que tuvo nuestro Señor Jesús para las riquezas de este mundo y ante la invitación que le hizo Mamón. Observa con mucho cuidado las lecciones que Jesús estaba enseñándonos a través de la tentación que tuvo en el desierto con Satanás:

> Entonces Jesús fue llevado por el Espíritu al desierto para ser tentado por el diablo. Y después de haber ayunado cuarenta días y cuarenta noches, entonces tuvo hambre. Y acercándose el tentador, le dijo: Si eres Hijo de Dios, di que estas piedras se conviertan en pan. Pero El respondiendo, dijo: Escrito está: "No sólo de pan vivirá el hombre, sino de toda palabra que sale de la boca de Dios." Entonces el diablo le llevó a la ciudad santa, y le puso sobre el pináculo del templo,

> y le dijo: Si eres Hijo de Dios, lánzate abajo, pues escrito está: "A sus ángeles te encomendará", y: "En las manos te sostendrán, no sea que tu pie tropiece en piedra." (Salmo 91:11-12) Jesús le dijo: También está escrito: "No tentarás al Señor tu Dios." Otra vez el diablo le llevó a un monte muy alto, y le mostró todos los reinos del mundo y la gloria de ellos, y le dijo: Todo esto te daré, si postrándote me adoras. Entonces Jesús le dijo: ¡Vete, Satanás! Porque escrito está: "Al Señor tu Dios adorarás, y sólo a El servirás."
>
> —Mateo 4:1-10

Deberíamos estudiar verdaderamente esta secuencia de eventos que se encuentran en estas Escrituras. Satanás comienza con tentación de la carne (comida). El cuerpo y la carne del hombre es el primer lugar y el lugar más fácil para los ataques del enemigo.

Nuestra debilidad como seres humanos siempre ha tenido su origen a través de las puertas de los sentidos (ver, oír, sentir, oler y gustar). ¿Dónde fue la primera y más costosa tentación del ser humano? En el Jardín del Edén. Eva fue seducida a través de sus ojos y por medio de su estómago, antes de que Satanás pudiera seducir su mente. Debes estudiar Génesis 3, para poder ver la manera en que ella fue convencida a través de sus sentidos, antes de ser convencida en su mente.

El siguiente intento fue por medio de la religión, lo cual va dirigido hacia el alma, que está formada por nuestra mente, nuestro corazón y nuestras emociones. ¿Puedes tú notar la forma en que Satanás refirió Escrituras para poder mostrarnos que él es muy espiritual?

Esta es una lección para todos nosotros. El sólo hecho de que podemos integrar una Escritura en nuestro sistema de creencias, no significa que Dios esté aprobando nuestra mentira como si fuera Su verdad. Existen muchos seguidores de la Nueva Era, y de diferentes formas de ocultismo, que pueden referir las Escrituras para apoyar su herejía. La Biblia ha sido escrita por hombres para descubrir la verdad que existe en la persona de Jesús, y no para que el hombre pueda justificar su comportamiento, ni introducir otras religiones para satisfacer los deseos del alma.

El templo es un diseño de Dios y es el símbolo invisible del templo que alberga al Espíritu Santo dentro de cada uno de nosotros que pertenecemos a Él. Existen muchos libros de historia que están llenos de relatos de gentes que murieron por sus creencias religiosas. Los monjes y los budistas incluso se prenden fuego ellos mismos. Hoy en día, los musulmanes se convierten en bombas humanas suicidas, creyendo que están agradando a Alá. Satanás sigue usando los mismos métodos para tentar a Dios (Mateo 4:7).

La prueba culminante para todo ser humano consiste en decidir a quién vamos a adorar. El deseo de Satanás siempre ha sido el hecho de tener la adoración de los hombres, y esto lo ha deseado desde el día en que se halló iniquidad en él (Ezequiel 28:15). Él sigue prometiendo "riquezas y reinos" a cada hombre que lo llegue a adorar. Esto no ha cambiado en nuestros días. La única diferencia consiste en que usa el disfraz de la prosperidad y el espíritu que utiliza es Mamón.

La secuencia no ha cambiado a través de los siglos. Nuestro cuerpo y nuestra alma siguen siendo los lugares más vulnerables para el ataque de Satanás. Y de esta manera, en lugar de usar el poder del Espíritu Santo y la Palabra de Dios para equiparnos, capacitarnos y entrenarnos en el Reino de Dios, nos convertimos al sistema de este mundo y al anticristo que ha tomado la forma de Mamón.

El objetivo de Mamón es primero seducirnos a través de las promesas de obtener muchas ganancias, lo cual apela a nuestros apetitos carnales. Una vez que ya le pertenecemos y que demostramos esto por medio de poner nuestra confianza en él, él nos llena de miedos y de terror, usando los temores de perderlo todo. Este método se logra fácilmente por medio de pintar imágenes en nuestra mente y en nuestro corazón, donde nos vemos desposeídos de todo aquello que creemos ser vital para sobrevivir. Esta imagen de una pérdida total es un comportamiento condicionado que se encuentra dentro de cada uno de nosotros, ligado a la ansiedad y al temor.

Noten la secuencia de este ataque en el Hijo de Dios y recuerden la forma en que Jesús delineó Sus enseñanzas en Mateo capítulo 6.

Batalla para Decidir en qué Amo o Señor vamos a confiar

La batalla, a final de cuentas, es entre "confiar" en este mundo o "tener fe" en Dios. Confiar en lo que podemos ver, sentir y controlar, que es lo opuesto a confiar en lo que Dios dice que es nuestra herencia por medio de pacto.

La economía de este mundo se lleva a cabo por medio de sistemas de salud, educación, política y religión. El sistema depende en la confianza de la gente para poder perpetrar su mentira. Ésta consiste en creer que otras cosas que no son Dios pueden darnos seguridad. La verdad es que muy pocos realmente creen que Dios puede cuidar de nosotros en todas las circunstancias, y por lo tanto, ellos trabajan para hacer dinero, porque creen que si tienen suficiente dinero, van a estar "seguros".

Tú y yo vamos a ser retados continuamente, y tendremos que decidir constantemente, ya sea vivir por la fe en Dios, o confiar en el sistema de este mundo, conocido como Mamón. Estos retos se van a presentar como obstáculos que parezcan ser puertas cerradas. Las llaves que usamos para abrir esas puertas están fabricadas por el temor o son creadas por nuestra fe.

Si usamos las llaves producidas por nuestra fe, vamos a caminar a través de esas puertas, abriendo un sinnúmero de posibilidades con Dios, y nuestra fe va a crecer mucho más fuerte, de la misma manera que los músculos crecen con el ejercicio. Vamos a conocer la diferencia entre ser esclavos o ser administradores. Nos vamos a mover en la esfera de decisiones que constituyen un verdadero cambio para nuestras ciudades, y no me estoy refiriendo a la política.

Si podemos darnos cuenta de que nuestra vida ya no nos pertenece, sino que sólo le pertenece al Verdadero Rey de reyes, entonces, todo lo nuestro es de Él. Y entonces, podemos llegar a cumplir el propósito de nuestro destino, por medio de ser primeramente siervos, y después, verdaderos discípulos de Dios.

Al hacer esto, nuestra fe va a ser transformada en algo que sí tiene sustancia. Esta sustancia es la misma esencia de Dios. Entonces, nos convertimos en llaves maestras. Él ha estado buscando una generación a quien Él pueda confiarle las llaves de Su reino. "El Rey David" es lo más cercano que podemos comparar a este nivel de autoridad.

Tú y yo todavía no conocemos las posibilidades que existen en nuestra herencia, una vez que ya no le pertenezcamos a este mundo. Sin embargo, si usamos las llaves del temor, vamos a abrir puertas de prisiones que cada vez van a ser más estrechas, hasta que nos lleguemos a sentir como los animales en el zoológico. Cada prisión va a ser más estrecha que la anterior, debido a que no podemos servir a dos amos, y además, el amo que escogimos nos quiere como prisioneros y no como siervos.

No debemos dejarnos engañar. Mamón tiene llaves para las puertas de su reino. Su reino está fundado en las tinieblas, en los engaños y en las mentiras. Ha sido construido sobre la sangre de hombres y mujeres que han dedicado sus vidas a construir esos "cimientos de seguridad", pero lo han hecho, basados en terreno arenoso y en deseos codiciosos.

Las llaves en el reino de Mamón son muy sencillas. Debes creer sólo en aquello que puedes "ver, sentir, oír, gustar y controlar". No confíes en nada que te presione a dar o que ponga en riesgo tu seguridad. Los fundamentos o bases de esta creencia son el temor, el egoísmo, la codicia, la mentira y el odio. Su fruto es la falta total de reposo, las enfermedades, el sufrimiento de perderlo todo y la muerte.

El reino de este mundo está determinado a fascinar a todos con sus riquezas y con su belleza. El engaño hipnótico de este reino es la ilusión de llegar a tener riquezas, prosperidad y poder. Es ahí donde muchos muerden la carnada, y corren detrás de las falsas promesas de poder y de riqueza. La cosa más asombrosa acerca de la gente que ha mordido este anzuelo, es que ellos lo arriesgan todo en forma voluntaria, a cambio de buscar si acaso o por casualidad pueden, convertirse en personas ricas e independientes. No es sorpresa que las loterías y todos los negocios de apuestas están invadiendo todo el mundo.

La verdadera tragedia es que las estadísticas muestran que el 90% de todos esos que ganan la lotería se convierten en alcohólicos, en drogadictos, sufren divorcios o cometen suicidio.

Una Nueva Generación

Esta es la generación que va a ser testigo de los "Danieles" que viven en Babilonia, "quienes conocen a su Dios y que van a hacer grandes obras". Pero cuando leemos el resto de la historia, encontramos que existe un precio que pagar para aquellos que son sabios. Muchos van a perder su vida tratando de liberar a todos aquellos que se encuentran en cautiverio. Este no es un mensaje popular de prosperidad. Pero, bendito sea Dios que Daniel 12:3 dice lo siguiente:

> Los entendidos brillarán como el resplandor del firmamento, y los que guiaron a muchos a la justicia, como las estrellas, por siempre jamás.
>
> —Daniel 12:3

Tal y como he dicho anteriormente, el asunto ahora no es, ni ha sido jamás, el dinero. El asunto tiene que ver en quién hemos depositado nuestra confianza, y a quién le obedecemos.

Debes salir de la tierra de los pozos rotos y de los deseos nunca cumplidos. ¿Qué clase de visión estás buscando? ¿Acaso te has convertido sólo en espectador de aquellos que están corriendo la carrera que tienen por delante? ¿Acaso no te has cansado de sólo ver la función y además, teniendo que pagar por ella? ¿No crees que deberías estar peleando en contra de todos esos espíritus religiosos que te han convertido en una persona pasiva y que han robado todo tu poder de decisión?

¡Despierta! ¡Despierten todos los hombres y mujeres de Dios, y luchen en contra del más sutil enemigo de nuestras almas, que es Mamón y el sistema que representa!

El tiempo es corto. Es mucho más tarde de la hora que tú has pensado o para la cual te has preparado. Escucha el llamado del vigía antes de que sea demasiado tarde. Tú fuiste comprado con un precio mucho más costoso que todo el oro y toda la plata que te imaginas poseer. Existe una liberación de riqueza en los últimos tiempos que realmente va a ser transferida a los justos. Para poder calificar, se requiere un cambio radical en tus estilos de vida y en los afectos de tu corazón. No subestimes el poder del Espíritu Santo que quiere ayudarte.

Tú que has creído en las mentiras del enemigo y que te has rendido sin disparar un sólo tiro. Yo te digo en este momento, con la autoridad del Dios Altísimo, así dice el Señor: "Tú naciste para un tiempo como éste. Si rehusas luchar por tu justa herencia, buscaré otra generación que tome este reto y que sea capaz de poseer la tierra."

Abraham, Isaac y Jacob enfrentaron los mismos demonios que tú estás enfrentando, y se convirtieron en héroes de la fe. Dios está diciendo, "Yo te he dado mejores armas, te he dado más verdades y mejores promesas."

No tenemos excusa alguna. Dios va a usar a alguien en quien Él pueda confiar. Es mi deseo ser uno de esos con que Él pueda contar, porque yo reconozco la verdad que me motiva: "Al quien se le perdona mucho, ama mucho." Y ahora yo puedo decir, y le digo a Jesús: "Jamás podré pagarte por todo lo que hiciste por mí, pero estoy dispuesto a darte lo que Tú compraste." Y eso que compraste, soy yo.

¿Tú también estás dispuesto?

Conclusiones

Este libro no ha sido fácil de escribir. Creo que con la guía del Espíritu Santo y con las oraciones de los santos, el resultado ha sido algo positivo.

He podido entender muy bien que nuestro Señor Jesús diseñó el capítulo 6 de Mateo, teniéndonos a ti y a mí en Su mente. Pude darme cuenta cómo Él me trajo desde mi pobre entendimiento del concepto de dar, hasta los niveles poderosos donde uno acaba por convertirse en la ofrenda. No podía entender lo que esto significaba, hasta que comencé a estudiar las Escrituras. Pude ver claramente que todo lo que yo tengo le pertenece a Él, y que la única manera en que puedo acercarme a Su altar, es cuando yo mismo me constituyo en la ofrenda. Sonaba egoísta en el principio, hasta que llegué al punto de poder entender el amor que estaba contenido dentro de Su cruz. Su amor por mí lo llevó a través del Huerto de Getsemaní y hacia la cruz. Alguien tan indigno como yo, pudo capturar el corazón del Padre, a fin de que Él enviara a Su único Hijo hacia tal muerte.

Los lugares donde me llevó el Espíritu Santo fueron tan extraordinarios, que esta vida ya no tiene fascinación para mí. De hecho, si el cuerpo de Cristo pudiera ver verdaderamente el poder que está encerrado en el hecho de dar nuestra vida para ganar la vida de Jesús, todas las cadenas que nos atan caerían, y las garras de Mamón que están sobre de nosotros serían destruidas de una vez por todas.

¿Cómo puedo negar alguna cosa a un Amor como éste?

Mientras más estudié el capítulo 6 de Mateo, más pude ver el diseño de la oración, y que esta verdadera manera de orar no es posible sin entender primero el dar. La verdad es que la iglesia, que está deseando caminar en el poder de la oración, ha sido atada debido a su falta de voluntad para dar. Hemos visto como la oración, que es la columna vertebral de nuestra vida con Dios, ha sido nulificada de todo poder real. Esto se debe a que somos una iglesia que es muy egoísta y somos muy avaros con algo que ni siquiera nos pertenece a nosotros.

Entonces, el Señor me reveló la oración de Esteban. La forma en que esta oración liberó a un hombre religioso llamado Saulo y lo convirtió en un gigante espiritual llamado Pablo. El destino de Esteban se cumplió a través de la vida de Pablo. Las profundidades de las oraciones de un hombre o de un ser humano no están limitadas al lapso temporal que vive sobre esta tierra. Por ejemplo, cuando Moisés le pidió a Dios que le mostrara Su gloria, Dios le permitió a Moisés ver la transfiguración de Jesús, miles de años después de que él se lo había pedido. Estas son las oraciones que mueven a Dios y que sacuden toda la tierra. Estas son las oraciones hacia las cuales debe regresar la iglesia, si es que deseamos ver un gran avivamiento antes de la venida de nuestro Señor Jesús.

Después de esto, el Señor Jesús me permitió entender el ayuno. Desde un punto de vista bíblico, y desde una perspectiva personal en mi propia vida. A través de los años, he observado que los tiempos que he pasado con el Señor Jesús mientras que me encuentro en ayuno, han sido los tiempos de mayor revelación. Esto se debe a varias razones, pero principalmente es debido a que el arma más grande del enemigo es neutralizada durante estos tiempos de ayuno. La vida en la carne ha perdido su atractivo, y por lo tanto, esto remueve la artillería de las manos del diablo.

Me doy cuenta que sólo he rascado la superficie de esta arma tan poderosa, y estoy esperando, emocionado, las siguientes etapas de desarrollo, dentro de mi crecimiento en esta área. Yo vi cómo el capítulo 6 de Mateo fue diseñado estratégicamente con el fin de prepararnos para la batalla de todas las batallas con Mamón. Este espíritu se ha estado divirtiendo a costillas de los santos a través de los siglos, y ha aumentado la presión al cien por ciento en los últimos años.

Esta batalla requiere todas las llaves que hemos recibido, que son las de dar, de orar y de ayunar. Esas llaves fueron diseñadas para mostrarnos dónde hemos sido hechos prisioneros y cautivos. Fueron diseñadas específicamente para que cada creyente descubra, dentro de su alma, las profundidades de nuestros engaños.

Estas llaves nos van a mostrar la forma en que nuestros pensamientos han contaminado nuestro corazón, quitándonos de la inocencia y llevándonos a tener un corazón endurecido. Estas llaves pueden abrir las puertas, pero nosotros debemos tener el valor para cambiar lo que encontremos dentro de nosotros mismos. Si estamos dispuestos a permitirle al Espíritu de Dios realizar una cirugía en nuestros corazones, podremos ganar la batalla en contra de Mamón.

Finalmente, tenemos que acabar por convertirnos en llaves maestras. Esta llave sólo es para aquellos que han probado que su vida ya no les pertenece. Esta llave va a cerrar estas puertas dentro de nosotros para nunca más volvernos a inclinar ante Mamón. Esta llave va a abrir la puerta para que el Espíritu Santo nos use, liberando a muchos que se encuentran cautivos.

Es mi oración que uses este libro como el medio para descubrir tu verdadero potencial como un hijo del Rey. Que tú uses este libro para reconocer cada ocasión en que te has inclinado ante , y que te arrepientas. Yo espero que todos podamos ver lo mucho que nos hemos desviado de la verdad del Evangelio, y que regresemos antes de que sea demasiado tarde.

Es mi oración por todos nosotros, que en Su misericordia, Dios nos otorgue tiempo y energía para cambiar, así como amor y gracia para poder ser luz en medio de las tinieblas. Que nos dé poder y capacidad para odiar el mal. También pido que nos dé verdad y justicia para vivir una vida santa antes que Él venga.

Ministerio

Voz De La Luz

www.vozdelaluz.com

904-834-2447

P.O. Box 3418

Ponte Vedra, FL 32004

USA

Made in the USA
Columbia, SC
28 January 2024

30205341R00114